人気シェフが教える

おいしい野菜レシピ

文・野地秩嘉
写真・今清水隆広

プレジデント社

野菜はおいしい

野菜は薬ではない

近ごろ、野菜料理といえば「健康によい」という文脈で語られることが多い。事実、それは間違っているわけではない。私もこの本のなかで、野菜のさまざまな効用について触れている。

いわく、野菜料理は生活習慣病を予防する、野菜に含まれるカリウムやマグネシウムは食塩の摂りすぎによる高血圧を抑える、野菜に含まれるビタミンA、C、E、フラボノイドは悪玉コレステロールの酸化を防ぎ、動脈硬化の予防作用があるからに始まり、個別の野菜についても、にんにく、玉ねぎは冠状血栓の予防に役立つ、トマトは前立腺障害の予防になる……など。どれも間違ってはいない。

そして、いろいろな本を見ると、もっと多くの野菜の効用が述べられている。つまり、野菜には人間の身体機能を調整する働きがある。

だが、野菜は薬ではない。野菜を食べていれば病気の人がすぐに健康体になるわけではない。多くの野菜を摂りいれた生活をしていれば生活習慣病の予防になる、ということなのだ。だから、野菜だけをしゃにむに詰め込むなんてことをする必要はない。肉や魚と組み合わせておいしく食事をすることが大人の常識というものなのである。

この本にはそうした野菜をおいしく食べるための知恵と料理法が詰まっている。レシピを考えてくれたのは和食、洋食、中華料理などのシェフたちで、それぞれ自分で研究して新しい野菜料理を作り、また基本の料理を考え直してくれた。プロフェッショナルたちは「野菜をおいしく、たくさん食べる」ための料理法に頭を使ってくれたのである。

野菜をたくさん食べる

厚生労働省の『健康日本21』によると、日本人はひとり一日あたり３５０グラム以上の野菜を摂るべきとある。３５０グラムとはどれくらいの量かと言えば、野菜炒めを大盛りにして2皿食べるくらいであり、コンビニで売っているパック入りサラダならば一日に5個以上も食べなくてはならない。果たして、これほどの量の野菜を毎日、ちゃんと食べている人はいるのだろうか。

もうひとつ、数字がある。日本人は野菜を年間、どれくらい食べているかと言えば約１０２・３キログラム（１９９９年、農水省

野菜は美しい

食料需給表より）である。対して世界の先進国のなかで野菜の消費量が多い国、韓国のそれは188・6キログラム（1999年、韓国農村経済研究所のデータより）。日本人よりはるかに多い量の野菜を食べている。おそらく韓国の人は毎食キムチをたくさん食べるから野菜の消費量が多くなるのだろうが、それにしても日本人よりもずいぶんたくさん食べている。では、ファストフードと肉食の国、アメリカでは、いったいどれくらいの野菜を食べているのだろうか。彼らの消費量は115・5キログラム（国連食糧農業機関のデータより）である。たぶん、フライドポテト、ポテトチップのような形でじゃがいもをたくさん食べてはいるのだろうが、それでも日本人より多く食べている。

こうした現実の前に、私たちは意識を変えなくてはならない。日本人は「自分たちは野菜好きの国民だ」とどこかで考えているが、それは正しいとはいえないのである。韓国人の消費量までいかなくとも、せめてアメリカ人より多くの野菜を摂るべきではないのか。私はそう考える。

ヌーボー・ベジタリアンをめざせ

フランスで今、話題となっているのが「ヌーボー・ベジタリアン（新菜食主義者）」の登場と増加である。フランスに約20万人と言われている正統派のベジタリアンたちは肉や卵、乳製品を一切食べないが、「ヌーボー・ベジタリアン」はそれほど厳格ではない。たまにはステーキなども食べる人たちなのだ。そして、この人たちは宗教上の理由から肉を断っているわけではなく、「健康と美容のために」野菜を食べている。身体の調子を整え、肥満しないように、軽い気持ちで野菜や果物を食卓に並べているのである。

ここまで、私は「野菜をたくさん食べよう」という趣旨で文章を展開してきた。しかし、前述のように、野菜をしゃにむに食べてもおいしくはない。おいしくなければ人は野菜食を続けない。

そこで参考になるのが彼ら、「ヌーボー・ベジタリアン」なのである。彼らの軽やかな態度を見習って、一日に食べる野菜の量が少しでも増えれば、それでよしとするべきではないのか。私たちがめざすべきは、肉も使い、塩味をつけてもいいから、野菜料理のバラエティを増やすことである。そして、野菜料理の種類が増えれば自然と食べる量も増加してくる。

この本の目的は野菜料理のバラエティを増やすことである。だから「簡単で、おいしくて、見た目も美しい野菜料理」をたくさん載せることにした。

［キャベツ］

前田精長さん「聖兆」

キャベツ巻き蒸しご飯 ちまき風 53

キャベツの海老味噌炒め 54

キャベツと野菜のビール漬け 56

［にら］

齋藤永徳さん「北京遊膳」

にらと豆腐の炒め 59

黄にらと芝海老の薄塩炒め 59

にら入り野菜の塩味炒め 60

鶏レバにら 62

［白菜］

孫 幼婷さん「田燕居」

白菜とりんごのシャキシャキサラダ 65

白菜の甘辛和え 66

白菜と貝柱のじっくり煮 68

白菜と栗のとろみ蒸し 69

［大根］

小室光博さん「小室」

ささがき大根 71

大根の皮のきんぴら 71

ふろふき大根 72

大根ご飯 74

［水菜］

岡本憲昌さん「安兵衛」

刻み水菜とマグロのタルタル 77

水菜とぐじのハリハリ鍋 78

刻み水菜ご飯 80

［ふきのとう］

加藤裕之さん「三合菴」

ふきのとうと春野菜のおひたし 82

ふきのとうの天ぷら 84

ふき味噌 85

第2章 野菜作りの農家を訪ねて 86

宮楠仁之さん（和歌山県）／福広博敏さん（三重県）／村山敏明さん（福島県）／木内克則さん（千葉県）

第3章 野菜を愛するシェフ《料理人》たちの思い 97

萩原雅彦さん／田村良雄さん／七條清孝さん／鈴木弥平さん／ささめ ゆみこさん／和知 徹さん
ハサン・ウナルさん／前田精長さん／齋藤永徳さん／孫 幼婷さん／小室光博さん／岡本憲昌さん／加藤裕之さん

シェフ《料理人》の店紹介 124

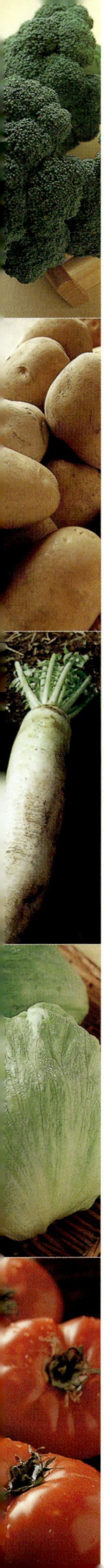

Contents

野菜はおいしい、野菜は美しい 2

野菜クッキングを教えてくれるシェフ《料理人》たちを紹介 6

第1章 シェフ《料理人》に習う野菜クッキング 9

[トマト]
萩原雅彦さん「カメレオン」

トマトとモッツァレラチーズのサラダ 11
（グラスカプレーゼ）

お米を詰めたトマトのオーブン焼き 13

フレッシュトマトと青魚のスパゲッティ 14

[レタス]
田村良雄さん「エルミタージュ・ドゥ・タムラ」

レタスだけのサラダ 17

白身魚のマリネ レタスサラダ仕立て 18

レタスのスープ 20

[アスパラガス]
七條清孝さん「レストラン七條」

アスパラガスの糠漬け 23

ホワイトアスパラガス あさりドレッシング 24

グリーンアスパラガスのベーコン巻きフライ 26

[ブロッコリー]
鈴木弥平さん「ピアット スズキ」

ブロッコリーのチーズ焼き アンチョビソース 29

魚介入りブロッコリーのスープ 29

ブロッコリーとドライトマトのパスタ 30

ブロッコリーのグリル 生ハム添え 32

[にんじん]
ささめゆみこさん「やさいや」

にんじんとあんず、いちじくの炊いたの 35

にんじんの割り胡椒和え 36

[じゃがいも]
和知 徹さん「マルディグラ」

ポテト・ピューレ 39

トスカーナ・フライドポテト 40

塩だらのポテトコロッケ 42

じゃがいものグラタン 43

アイリッシュ・シチュー 44

[なす]
ハサン・ウナルさん「ボスボラス・ハサン」
小室光博さん「小室」

なす、ピーマン、挽き肉のトマトソース煮 46
（パトゥルジャン ムサッカ）

揚げなす 48

水なすと夏野菜のカクテル 50

野菜クッキングを教えてくれる
シェフ《料理人》たちを紹介

ピアット スズキ
鈴木弥平さん

ブロッコリー
broccoli

トマト
tomato

レストラン七條
七條清孝さん

asparagus
アスパラガス

カメレオン
萩原雅彦さん

lettuce
レタス

エルミタージュ・ドゥ・タムラ
田村良雄さん

cabbage
キャベツ

ボスボラス・ハサン
ハサン・ウナルさん

マルディグラ
和知 徹さん

聖兆
前田精長さん

なす
egg plant

potato
じゃがいも

北京遊膳
齋藤永徳さん

leek
にら

やさいや
ささめ ゆみこさん

carrot
にんじん

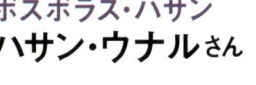

安兵衛
岡本憲昌さん

potherb mustard
水菜

小室
小室光博さん

Japanese radish
大根・なす

ふきのとう
fukinotou

三合庵
加藤裕之さん

田燕居
孫 幼婷さん

chinese cabbage
白菜

野菜クッキングを教えてくれる
シェフ《料理人》たちを紹介

第1章

シェフ《料理人》に習う 野菜クッキング

トマト

教える人
萩原雅彦さん（カメレオン）

［トマトの基礎知識］

ペルー、エクアドルが原産のナス科の野菜。日本へ伝わったのは17世紀頃だが、食用として一般に普及したのは明治時代末期以降である。

日本では料理の付け合わせやサラダとしてトマトを生のままで食べることが多いが、ヨーロッパではそれに加えてソースとしていろいろな料理に使われている。最近では、糖度の高いフルーツトマトが流通するようになるなど、品揃えは実に多彩。紹介するレシピ、フレッシュトマトと青魚のスパゲッティをつくる場合は、酸味の強いトマトを選ぶことをお忘れなく。

トマトとモッツァレラチーズのサラダ（グラスカプレーゼ）

［材料］ 2～4人分

トマト……小1個（約180g）
モッツァレラチーズ……1個
天然塩……………………適量
胡椒………………………適量
フレッシュバジル……… 1枝
エキストラバージンオリーブオイル………大さじ2～3

※エキストラバージンオリーブオイルは、青っぽい風味でさっぱりした口当たりのイタリア北部のものより、シチリア産などの果実味がたっぷりでよりオイリーな南部のものが合う。

トマトとモッツァレラチーズをコロコロと切ってつくる簡単メニュー

❶

トマトはヘタを切り落として種ごと1.5～2cmの角切りにし、ザルに広げる。軽く塩、胡椒をふり、水気をきっておく。

❷

モッツァレラは1.5cm角くらいに切り、軽く塩、胡椒をふる。

❸

トマトの水気をペーパータオルなどで軽く拭き取り、ブランデーグラスに1人分ずつ入れる。その上からモッツァレラチーズも均等に入れる。

❹

バジルの葉を摘んでのせ、オリーブオイルを回しかける。

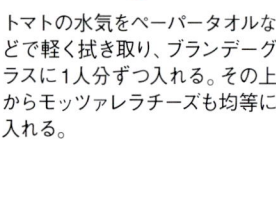

お米を詰めたトマトのオーブン焼き

[材料] 4人分

トマト……………………大4個
米…………………………大さじ2
にんにく……………………1片
イタリアンパセリ
……………………10～12枝
オリーブオイル……大さじ2
塩……………………………適量
胡椒…………………………少々

[つくり方]

❶トマトは上から1/5くらいのところを横に切る。下の部分の中身をスプーンでくりぬいてカップにし、中に軽く塩をふる。中身とトマトカップの蓋になるヘタ付きの上部は後で使うのでとっておく。
❷にんにく、パセリはそれぞれみじん切りにする。
❸鍋にオリーブオイルとにんにく、パセリを入れて中火にかける。オイルが泡立ち始め、香りが立ってきたら弱火にし、米を加えて炒める。
❹米が透き通ってきたらトマトの中身を加えて中火にする。煮立ったら弱火にし、水分がなくなるまで3～4分炒め煮にする。塩小さじ1と胡椒で味を調え、粗熱を取る。
❺④をトマトカップに均等に詰めて蓋をする。詰め物は、トマトカップに対して約2/3が適量。このトマトの周囲をホイルで覆う（上部まで包んでしまうのはダメ）。
❻180℃に熱しておいたオーブンに入れ、40分ほど焼く。

［材料］ 2人分

トマト……大1個（約300g）
鰆の切り身…1切れ（約100g）
玉ねぎ…………中1/4個
グリーンピース（生または冷凍）
……………大さじ3
ケッパー（酢漬け）…大さじ1
イタリアンパセリ
…………10～12枝
オリーブオイル……適量
スパゲッティ……160g
塩……………適量
胡椒……………適量

※好みで、にんにくで風味づけしてもおいしい。この場合はみじん切りにし、オリーブオイルとともに鍋に入れ、玉ねぎを炒める。
※ここで使ったスパゲッティは1.6㎜。ゆで上げてからソースをからませるまでに30秒～1分かかるので、表示時間より30秒～1分を引いた時間を目安にゆでるといい。

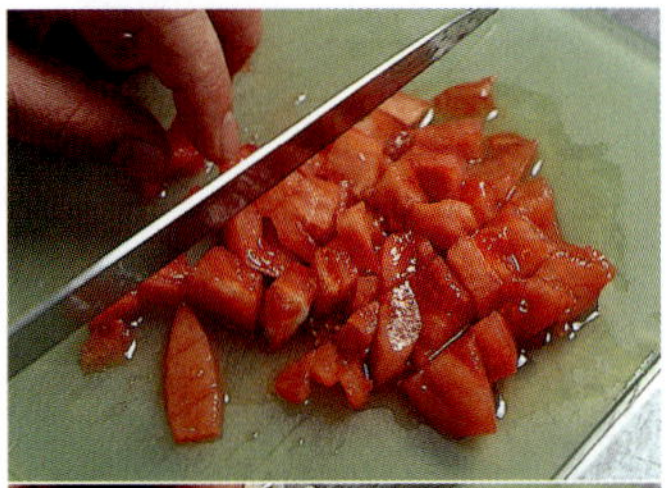

❶ トマトはヘタを切り落とし、種ごと1～1.5㎝の角切りにする。

❷ 玉ねぎは、みじん切りにする。

❸ イタリアンパセリは、茎も一緒にみじん切りにする。同時に大きめの鍋に湯をたっぷり沸かし、塩を加えてスパゲッティをゆでる。塩の分量は湯1ℓに対して大さじ1が目安。

❹ 鰆は1㎝幅に切り、塩、胡椒各少々をふって軽くもみ込む。

❺ 鍋にオリーブオイル大さじ2強を中火で熱し、玉ねぎを炒める。

❻ 玉ねぎが透き通ってきたらグリーンピースを加えて炒め合わせる。

❼ 続けて、汁気をきったケッパー、パセリの1/2量、鰆を加え、鰆の表面が白っぽくなるまで炒める。

❽ トマトを入れて弱火にし、5分ほど煮込む。煮詰まってきたら、焦げないように水少々を加えて混ぜる。

❾ 味をみて、塩、胡椒で調味し、アルデンテより少し硬めにゆでたスパゲッティを入れ、ソースとからめる。

❿ 塩加減はスパゲッティのゆで汁を加えて調え、オリーブオイル大さじ1強を回しかける。器に盛り、残りのパセリを散らす。

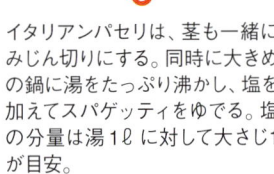

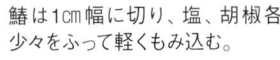

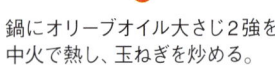

フレッシュトマトと青魚のスパゲッティ

フレッシュトマトが溌剌とした印象を与える、洗練された上品なパスタ料理。トマトのパスタでは定番のにんにくをあえて使わないのは、淡白な魚（この場合は鰆）の味を生かすため。鰯や鯵だとぐんと濃厚な味わいになる。

レタス

教える人
田村良雄さん
（エルミタージュ・ドゥ・タムラ）

［レタスの基礎知識］

レタスはキク科の一・二年草、和名をちしゃといい、奈良時代から食されていたという。江戸時代には下葉を次々に掻き取って食べていたことから、掻きちしゃと呼ばれていた。現在もっとも食べられているのは、アメリカ産。

レタスは、巻きがよいものを選ぶこと。フレッシュかどうかは外側の葉と芯の切り口を見て判断。外側の葉がしなびたり、芯の切り口が黒ずんでいるものは避けること。レタスは生で食べることが多いけれど、シャキシャキした食感は熱を加えても消えないので、加熱した料理のレパートリーを広げてみよう。

レタスだけのサラダ

[材料] 2～3人分

レタス……………………½個
塩……………………小さじ½
オリーブオイル….小さじ1½
ワインビネガー……小さじ½
生クリームドレッシング
- 生クリーム……………50mℓ
- レモン汁…………小さじ1
- 塩…………………小さじ½
- カイエンペッパー……少々

※ワインビネガーは、フランボワーズなど果実風味のものがあれば、ぜひともそれを使おう。

[つくり方]

❶レタスは食べやすい大きさに手でちぎって、冷水で洗う。
❷よく水気をきってボウルに入れ、塩、オリーブオイル、ワインビネガーをふりかけて下味をつける。
❸ドレッシングをつくる。生クリームを五分立てに泡立て、レモン汁、塩、カイエンペッパーで味を調える。
❹器にレタスを1人分ずつ山高に重ねて盛り、ドレッシングを回しかける。

[材料] 2人分

レタス（内側の部分）····1個分
白身魚（刺身用）···········12枚
塩·································適量
胡椒·····························適量
レモン汁························少々
セルフィーユ·········5～6枚

特製ドレッシング
（つくりやすい分量）
- オリーブオイル ······················¾カップ
- バルサミコ·········大さじ2
- 粒マスタード·······小さじ1
- アッラ・ガラム····小さじ1

※アッラ・ガラムはイタリアの魚醤で、ナムプラーよりやや甘い味わい。なければ醤油で代用できる。取り扱いは、モンテ物産（☎03-3485-4484）ほか。
※特製ドレッシングは冷蔵保存できるが、1週間以内に使いきろう。

レタスをざっくりと切り、ミルフィーユのように仕立てるのがコツ

1 レタスは包丁で芯をくりぬき、汚れが取れやすいよう葉を押し開いておく。

2 約20分水につけて汚れを取る。裏返してザルに上げ、冷蔵庫に10分以上入れて水気をよくきる。こうすると葉がシャキッとする。

3 外側の葉を外し、内側の柔らかい部分を六つ割りにする。

4 ボウルにドレッシングの材料を混ぜ合わせる。レタスに塩、胡椒を軽くふり、ドレッシングを小さじ1ずつかける。

5 バットに塩、胡椒をふり、白身魚を並べてレモン汁をふる。

6 白身魚をレタスの上に2枚ずつのせ、器に盛る。セルフィーユの葉を摘んでボウルに入れ、ドレッシング大さじ1で和える。

7 セルフィーユをのせ、ドレッシングを大さじ1ずつ回しかける。最後に塩をひとふりする。ここでは、できればミネラルたっぷりのフランスの粗塩「フルール・ド・セル」などの天然塩を使いたい。

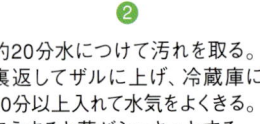

白身魚のマリネ
レタスサラダ仕立て

[材料]　4～6人分

レタス……………………1個
玉ねぎ………………横に1/2個
にんにく…………………1片
オリーブオイル
………………大さじ1～2
チキンスープ………1カップ
塩…………………………適量
胡椒………………………少々
牛乳………………1/4カップ
生クリーム…………小さじ2
カイエンペッパー………少々
レモン汁…………………少々

※レタスは外側の硬くて青い部分があれば、色づけに利用できるので2枚ほどゆでておく。
※チキンスープは、熱湯に固形スープの素、または顆粒のスープの素を適量溶かす。塩分があるので、調味するときは必ず味見をして塩の分量を加減すること。

1
玉ねぎはスライスし、にんにくはみじん切りにする。

2
鍋にオリーブオイルとにんにくを入れて中火にかけ、香りがたってきたら玉ねぎを炒める。

3
玉ねぎが透き通ってきたらごく弱火にし、飴色になるまで根気よく炒める。焦がさないように注意。

4
レタスを適当な大きさにちぎりながら投入し、くたっとなるまで炒める。

5
水1カップを注ぎ、水分が少なくなるまで炒め煮にする。

6
チキンスープを注ぎ、塩、胡椒でやや濃いめに調味する。

7
⑥をボウルにあける。氷水を張ったボウルを当て、かき混ぜながら冷やす。

8
⑦をミキサーにかける。あれば、レタスの外側の青い葉も一緒に入れる。

9
口当たりをなめらかにするために、裏漉しをする。

10
泡立て器でかき混ぜながら牛乳を注ぎ、生クリームも加える。

11
味をみて塩少々、ごく少量のカイエンペッパー、レモン汁数滴で調味する。

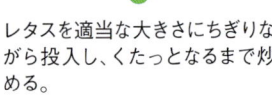

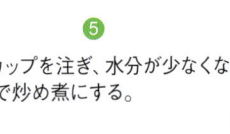

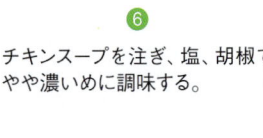

レタスのスープ

ほんのりミルキーなサラサラのスープ。するりと喉をすべり落ちるとき、レタスの香りがふわりと広がる。繊細なレタスの風味を生かすため、じゃがいもを使わずに仕上げた上品なポタージュだ。

アスパラガス

教える人
七條清孝さん（レストラン七條）

［アスパラガスの基礎知識］

ユリ科の多年草。日本では明治時代に北海道で本格生産が始まった。

春先に出る若茎がグリーンアスパラガス、芽が出る前に盛り土をして太陽に当てずに育てたものがホワイトアスパラガス。ホワイトアスパラガスは太いものほど甘味があっておいしい。グリーンも太いほうがいい。

アスパラガス料理で大切なことはゆで加減。バターで焼いたり、炒めるときはやや硬めに、そのままマヨネーズで食べるときは柔らかめに。塩加減は、塩を入れた湯を飲んでみておいしいと思う程度より、ややしょっぱめに。

アスパラガスの糠漬け

［材料］ 2人分

ホワイトアスパラガス…………………………4～6本
グリーンアスパラガス…………………………2～4本
オリーブオイル…………少々
粗挽き黒胡椒……………少々
糠床…………………………適量

［つくり方］

❶アスパラガスは、包丁を使ってハカマをひとつひとつ取り外し、根元を切り落とす。ピーラーで穂先以外の皮をむく。
❷ガーゼでアスパラガスを挟む。アスパラガスが重ならないように並べること。ガーゼごと糠床に入れ、1時間30分ほど漬ける。
❸糠床からアスパラガスを取り出し、ガーゼを外す。一本を3等分の斜め切りにして器に盛り、オリーブオイルをかけて胡椒をふる。

［材料］2人分

ホワイトアスパラガス……4本
あさり(殻付き)………170g
菜の花……………………1/4束
にんにく(みじん切り)
……………………小さじ1/3
エシャロット(みじん切り)
……………………小さじ1/3
オリーブオイル
…………………大さじ1 1/3
白ワイン……………大さじ2
ビネグレットソース……適量
フュメ・ド・シャンピニオン
…………………………少々
塩…………………………適量

※ビネグレットソースは、鋭い酸味が特徴のソース。シェリービネガー50mℓ、白ワインビネガー50mℓ、胡桃油（ピーナッツオイルで代用可）100mℓ、オリーブオイル150mℓ、サラダ油150mℓ、塩10g、胡椒4gを混ぜてつくる。
※フュメ・ド・シャンピニオンは、マッシュルームのみじん切りをから煎りして水分を抜き、暖かいところに置いて乾燥させたもの。ふりかけると独特の旨味が加わる。刻んだ青ねぎやパセリで代用してもいい。

ホワイトアスパラガスは柔らかめにゆでよう、歯ごたえが残るくらいに

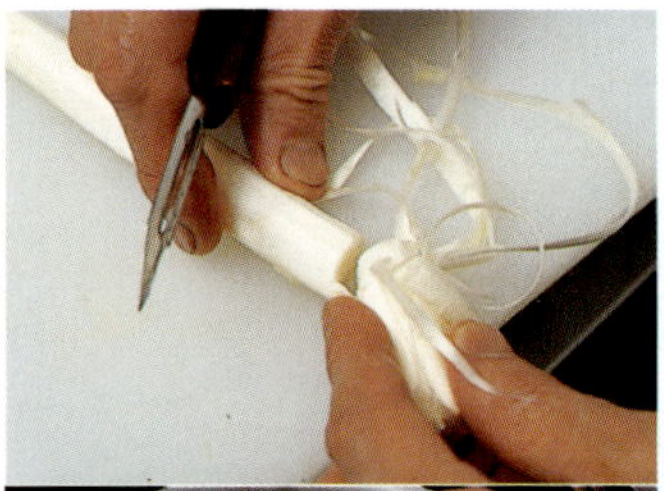

❶
ホワイトアスパラガスは、包丁を使ってハカマをひとつひとつ取り外し、ピーラーで下2/3部分の皮をむく。根元を切り落とす。

❷
"おいしい"よりやや塩辛い程度の塩加減（湯3ℓに塩50gが目安）でゆでる。

❸
10分ほどたって柔らかくなったら取り出す。タオルなどで水気を拭き取る。

❹
鍋にあさり、にんにく、エシャロット、オリーブオイル、白ワインを入れて蓋をし、強火にかける。

❺
煮立ったら弱火にし、貝の口が開いたらすぐ火を止める。

❻
別鍋に湯を沸かし、塩少々を加えて菜の花をゆでる。水気を絞って⑤の鍋に加え、余熱で温める。

❼
器にホワイトアスパラガスを並べ、ビネグレットソースをたっぷりかける。

❽
あさり、菜の花を盛りつけ、鍋に残ったソースを、貝の上を中心にかける。仕上げに、フュメ・ド・シャンピニオンをふりかけて出来上がり。

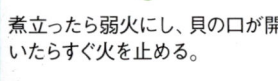

ホワイトアスパラガス あさりドレッシング

［材料］ 2人分

グリーンアスパラガス
　（太めのもの）…………6本
　塩………………………適量
生ベーコンまたは豚バラ薄切り肉……………………6枚
衣
- 強力粉、卵液、パン粉（ドライ）、パルメザン粉チーズ……………………各適量

揚げ油（あればオリーブオイル）………………適量

付け合わせサラダ
- グリーンアスパラガス….2本
- グレープフルーツ…….2房
- パセリ（みじん切り）…少々
- 生クリーム………大さじ1
- 胡椒……………………少々

レモン（くし形切り）….2切れ

※豚バラ肉でつくる場合は、全体に薄く塩をふってから巻く。
※パン粉とパルメザン粉チーズは、4：1の割合で混ぜ、フードプロセッサーに数十秒かけて細かくする。すり鉢ですり混ぜてもいい。

❶ グリーンアスパラガスは、包丁を使ってハカマをひとつひとつ取り外し、根元を切り落とす。

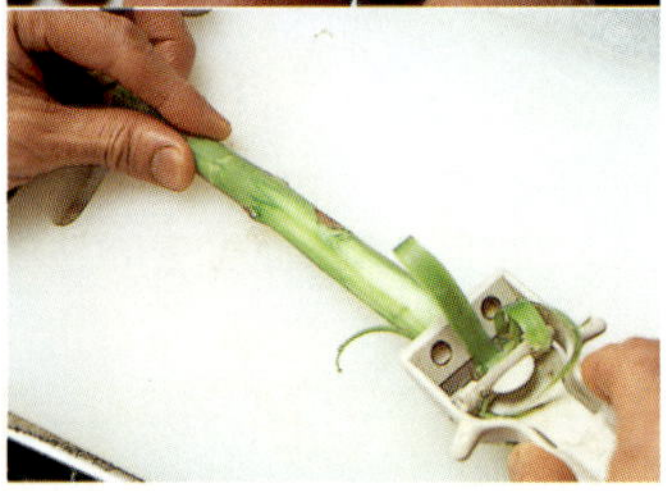

❷ ピーラーで下⅔部分の皮をむく。細いアスパラガスの場合はそのままでもいい。

❸ フライにするアスパラガスは、穂先の下からベーコンを巻きつける。はみ出た部分は切り落とす。

❹ 全体に強力粉をまぶして余分な粉をはたき、穂先を外して卵液にくぐらせる。

❺ 穂先以外の部分にパン粉をつける。ぎゅっと押さえてしっかりつけるのがコツ。

❻ 揚げ油を170℃に熱し、こんがりと色よく揚げる。器に盛り、サラダとレモンを添える。

付け合わせサラダのつくり方

❶付け合わせ用のアスパラガス2本は、皮をむいたらスライサーで薄切りにする。
❷湯を沸かし、塩を入れてゆでる。湯3ℓに塩50gが目安。10秒ほどさっとゆで、氷水にとる。
❸ボウルに水をきったアスパラガスとサラダの材料の残りを入れ、手でよく混ぜ合わせる。

グリーンアスパラガスのベーコン巻きフライ

グリーンアスパラガスのベーコン巻きはフライにすると、風味がいちだんと増す。付け合わせのサラダは、生クリームとグレープフルーツが融合したまるみのある酸味が絶妙。

ブロッコリー

［ブロッコリーの基礎知識］

アブラナ科の野菜で、野生キャベツの変種。カロチンとビタミンCを多く含み、とくにビタミンCはレモンの約2倍の含有量があるという。どちらも免疫力をアップさせるので、風邪の予防にもなる。

ブロッコリーは花蕾と若い茎とを食べるが、緑色が褪せないよう、火を入れすぎないのが肝心。下ゆでするときは、パスタをゆでるときと同じくらいの塩加減の熱湯で1〜2分。取り出したら、冷水に放って色を止める。その後、煮るか焼く。そのまま食べるならゆで時間は3分。茎のゆで時間は花蕾の倍程度が目安。

教える人
鈴木弥平さん（ピアット　スズキ）

魚介入りブロッコリーのスープ

ブロッコリーのチーズ焼き アンチョビソース

魚介入りブロッコリーのスープ

[材料]　(2人分)

- ブロッコリー……1株(約240g)
- セロリ……2本
- 玉ねぎ……中½個
- にんじん……大½本
- にんにく……大1片
- バター……30g
- 海老……大1～2尾
- 帆立貝柱……2個
- チキンスープ……2½カップ
- 塩……適量
- 胡椒……適量
- エキストラバージンオリーブオイル……小さじ2

※チキンスープは、熱湯に固形スープの素、または顆粒のスープの素を適量溶かす。塩分があるので、調味するときは必ず味見をしてから塩の分量を加減する。

[つくり方]

❶ブロッコリーの花蕾の部分を1cm弱の厚さで削るように切り取る。茎の部分は内側の白い部分が見えるくらいに厚く皮をむき、7～8mm角に刻む。セロリ、玉ねぎ、にんじんは粗みじんに刻む。
❷鍋にバターとにんにくを入れて火にかけ、バターが溶けたら、セロリ、玉ねぎ、にんじんを入れて炒める。バターが回ったらごく弱火にして、20分ほど炒め煮にする。
❸ブロッコリーを加えてざっと炒め合わせ、スープを注いで、ブロッコリーが柔らかくなるまで煮る。
❹ブロッコリーの花蕾の部分を少しだけ取り分ける。残りはミキサーにかけて裏漉しをしてから鍋に戻す。花蕾の部分を加えて塩、胡椒で調味し、弱火で温める。
❺海老と帆立は軽く塩、胡椒をふってグリルパンで焼き、半分に切る。
❻④を器に盛り、海老と帆立をあしらう。胡椒をふり、オリーブオイルを回しかける。

ブロッコリーのチーズ焼き アンチョビソース

[材料]　2人分

- ブロッコリー……1株(約240g)
- 塩……適量
- モッツァレラチーズ……½個
- パルメザン粉チーズ……大さじ2～3
- バター(無塩)……適量
- アンチョビ(フィレ)……2枚

[つくり方]

❶ブロッコリーは茎の部分を厚く皮をむき、四つ割りにする。
❷鍋に湯を沸かして塩を加え、ブロッコリーをゆでる。塩の分量は湯1ℓに対して大さじ3強(5%)が目安。1分ほどして色が鮮やかになったら氷水にとり、水気を拭き取る。
❸耐熱容器にバターを薄く塗り、ブロッコリーを並べる。スライスしたモッツァレラをのせ、パルメザンをたっぷりかける。240℃に熱したオーブンに入れて約10分、こんがり色づくまで焼く。
❹その間に、鍋にアンチョビとバター30gを入れて弱火にかけ、アンチョビを崩しながら焦がしバターをつくる。器に盛ったブロッコリーにかける。

[材料] 2人分

ブロッコリー
　………………1株(約240g)
エキストラバージンオリーブオイル……………………適量
にんにく………………大1片
アンチョビ(フィレ)……2枚
チキンスープ(または野菜スープ)
　…………………………180mℓ
ドライトマト……………2個
スパゲッティ…………160g
塩…………………………適量
胡椒………………………少々

※チキンスープは、熱湯に固形スープの素、または顆粒のスープの素を適量溶かす。塩分があるので、調味するときは必ず味見をしてから塩の分量を加減する。
※ここで使ったスパゲッティは1.6㎜。ゆで上げてからソースをからませるまでに30秒〜1分かかるので、表示時間より30秒〜1分を引いた時間を目安にゆでるといい。

ブロッコリーは下ゆでしなくてもおいしくできる。それには……

1
ブロッコリーの花蕾の部分を1㎝弱の厚さで削るように切る。

2
茎の部分は内側の白い部分が見えるくらいに厚く皮をむき、7〜8㎜角に刻む。ドライトマトはぬるま湯で戻し、粗みじんに切る。同時に大きめの鍋に湯をたっぷり沸かし、塩を加えてスパゲッティをゆでる。塩の分量は湯1ℓに対して大さじ1が目安。

3
オリーブオイル大さじ2とにんにくを鍋に入れて弱火にかけ、じっくり加熱して香りをオイルに移す。

4
ブロッコリー、アンチョビを加え、さらにオリーブオイル大さじ2〜3を足す。

5
スープの$\frac{1}{2}$量を注ぎ、アンチョビを溶かしながら煮る。煮詰まってきたらスープを適宜足していこう。

6
ブロッコリーの色が変わるまで煮込んだら、ドライトマトを加え、味をみて塩、胡椒で調味する。

7
アルデンテより硬めにゆでたスパゲッティを入れ、ソースとからめる。塩加減はスパゲッティのゆで汁を加えて調える。器に盛り、仕上げのオリーブオイルを小さじ1ずつかける。

ブロッコリーとドライトマトのパスタ

［材料］ 2人分

ブロッコリー ····1株（約240g）
塩······························適量
生ハム························4枚
マリネ液
- にんにく··············大2片
- エキストラバージンオリーブオイル············100mℓ
- 赤ワインビネガー······················小さじ2
- 塩······················小さじ½
- 胡椒························少々

イタリアンパセリ（ざく切り）······························2枚

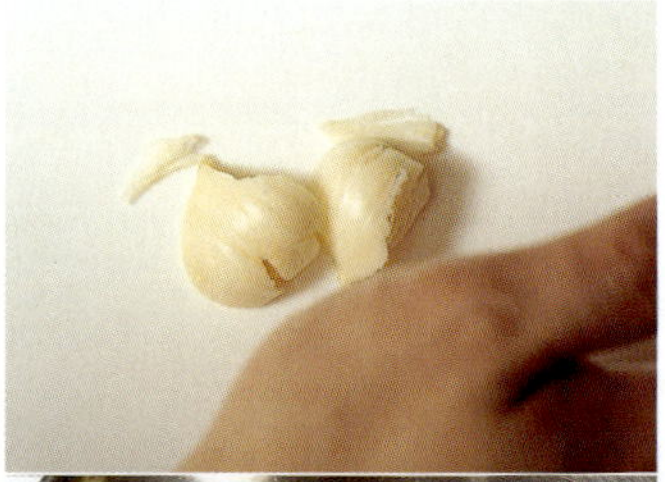

1
にんにくは皮をむき、手のひらや包丁の腹で押しつぶす。

2
ボウルに、にんにく、オリーブオイル、ワインビネガー、塩、胡椒を入れて混ぜ合わせ、マリネ液をつくる。

3
ブロッコリーは茎の部分を、内側の白い部分が見えるくらいに厚く皮をむく。

4
鍋に湯を沸かして塩を加え、ブロッコリーを丸ごとゆでる。塩の分量は湯1ℓに対して、大さじ3強（5%）が目安。

5
1分ほどして色が鮮やかになったら、氷水にとり、水気をきる。

6
茎の部分に包丁を入れ、手で裂いて四つ割りにする。

7
熱したグリルパンにブロッコリーをのせ、両面に焼き目をつける。

8
マリネ液にパセリと熱々のブロッコリーを入れ、粗熱が取れるまで漬け込む。皿に盛り、生ハムを添える。

ブロッコリーのグリル生ハム添え

マリネ液をじゅわっと含んだ
花蕾が美味！ コリッとした
歯ごたえも軽快。

にんじん

教える人
ささめ ゆみこさん（やさいや）

［にんじんの基礎知識］

原産地はアフガニスタンの山麓地帯。ヨーロッパを経て日本にやって来たのが、ずんぐりした西洋種のにんじん。赤く細長い金時にんじんは中国を経由してきたもの。にんじんに含まれている抗酸化物質のカロチンは生より、煮たり油で調理したほうがはるかに吸収がいい。金時にんじんの赤はカロチンではなく、トマトと同じリコピン。これもまた抗酸化物質なので、体にいい。

煮物にするときのコツを伝授。煮物の野菜に味がしみるのは温度が下がっていくときなので、火を止めてから少しの間、そのままにしておくこと。

にんじんとあんず、いちじくの炊いたの

［材料］ 4人分

にんじん‥‥大２本（約500ｇ）
干しあんず‥‥‥‥‥‥5～６枚
ドライいちじく（数種取り混ぜて）‥‥‥‥‥‥‥‥約100ｇ
塩‥‥‥‥‥‥‥‥‥‥‥‥小さじ½
砂糖‥‥‥‥‥‥‥‥‥‥‥大さじ１
白ワイン（甘口）‥‥‥‥‥‥720mℓボトル２本

※ワインで煮込むので、酸に強いホウロウ鍋を使用しよう。
※料理用などのドライなワインは不向き。今回はアンセルミ使用。甘いほうが向く。
※あんずはそのまま、いちじくはさっと水洗いしてから使う。色の黒いいちじくは味がよく、おいしいのでぜひ用意したい。ただし、煮汁に色が移ることがあるので、あまりたくさん入れすぎないほうがよい。

［つくり方］

❶にんじんは2㎝幅に切り、煮くずれしないように皮をむいて面取りする。
❷鍋ににんじんを入れ、にんじんより1㎝上までワインを注ぎ、塩、砂糖を入れる。
❸鍋を強火にかけ、煮立ったらごく弱火にし、アクを取りながら3時間ほど煮込む。にんじんが空気に触れないよう、煮詰まってきたらワインを適宜足すこと。
❹蜜をかけたような照りが出てきたら火を止め、ドライフルーツを投入する。一晩置いて味をしみ込ませたら出来上がり。冷蔵庫で1週間くらい保存可能。

[材料]　4～5人分

にんじん‥‥大2本(約500g)
黒粒胡椒‥‥‥‥‥‥‥‥‥‥10粒
練り胡麻(白)‥‥‥‥‥小さじ1
だしまたは水‥‥‥‥‥小さじ1
塩‥‥‥‥‥‥‥‥‥‥‥‥‥小さじ1
たまり醤油‥‥‥‥‥‥小さじ¼

※にんじんをゆでるときに使う塩は、水1ℓにつき20g(約大さじ2)。海水と同じくらいの濃さが目安。

成功のカギはにんじんのゆで加減。氷水で冷やしてシャキッとさせよう

1
乳鉢やすり鉢に胡椒を入れ、粗く砕いておく。胡椒をペーパータオルなどに挟み、木槌や金槌で軽く叩き割ってもいい。

2
にんじんは皮をむき、7㎝長さのせん切りにする。あまり細くしすぎないほうが旨い。

3
沸騰させた湯に塩(分量外)を入れ、にんじんを金属製のザルに入れたままゆでる。

4
湯が再沸騰し、にんじんの色が鮮やかに変わった瞬間に引き上げ、氷水にとって急速に冷やす。

5
水気をよくきり、さらにキッチンペーパーで軽く拭き取る。

6
ボウルに練り胡麻、だしを合わせる。にんじんを入れ、塩をふって混ぜ合わせる。

7
たまり醤油を加える。胡椒の半量を混ぜ、器に盛ってから残りをふりかける。好みで、にんじんの葉の胡桃和えを添える。

にんじんの割り胡椒和え

にんじんの葉の胡桃和え

[材料] つくりやすい分量

にんじんの葉……………20g
くるみ(殻なし)…約70g
塩、砂糖、たまり醤油、
味醂、日本酒
……………… 各小さじ½

[つくり方]

❶にんじんの葉を摘む。茎は硬いので使わない。
❷沸騰した湯に塩少々(分量外)を入れ、葉をさっとゆでる。色が変わったらすぐに冷水にとり、水気を絞ってからみじん切りにする。
❸胡桃を2〜3片取り分け、粗く砕く。
❹残りの胡桃はフードプロセッサーにかけて和え衣をつくる。最初は器具が回りにくいが、次第に胡桃自体がもつ油でなめらかになってくる。調味料を加えて、さらになめらかになるまで回す。
❺ボウルににんじんの葉を入れ、③と④を加えて和える。

じゃがいも

教える人
和知 徹さん（マルディグラ）

［じゃがいもの基礎知識］

ナス科の多年草。発祥地は南米のチチカカ湖周辺とされる。じゃがいもの主成分は炭水化物と水。「太る」と思われがちの野菜だが、それは誤解。栄養価が高いわりには低カロリーで、ビタミンCが実に豊富。中1個でりんご1個の約3倍もある。

丸形の男爵と長細いメークインがじゃがいもの代表。男爵はコロッケ、粉ふきいも、いもサラダなどに使われる。メークインは煮物やシチュー、カレーに合う。最近の人気はキタアカリ。身が黄色く、ビタミンCがとくに豊富な種類だ。ふかしたり、焼いたりして食べるといい。

ポテト・ピューレ

[材料] つくりやすい分量

じゃがいも(男爵)
…………中4個(約600g)
バター……………………600g
生クリーム………………60mℓ
牛乳………………………40mℓ
塩…………………………適量
白胡椒……………………少々

※バターは有塩でも無塩でもOK。有塩でつくると塩不要でも味がピタッと決まりやすい。
※残ったときは冷蔵庫で保存を。温かいほうがおいしいので、食べるときに電子レンジで軽く温める。

[つくり方]

❶じゃがいもは洗い、水がついたままを1個ずつラップに包む。電子レンジ(600W)で10分加熱して柔らかくし、熱いうちに皮をむいてマッシャーなどで粗くつぶしてから裏漉しをする。
❷バターは適当な大きさに切る。
❸生クリームと牛乳を混ぜる。
❹ボウルにじゃがいもと③の½量を入れて混ぜ合わせ、もう一度、裏漉しをしてなめらかにする。
❺鍋に④とバターを入れ、ごくごく弱火にかける。ゆっくりと気長に混ぜながら、バターを溶かす。バターが溶けて表面に脂が浮いてきたら③の残りを加えて混ぜ、塩、胡椒で調味する。

［材料］ 2人分

じゃがいも（男爵）…………中2個（約300g）
にんにく………………大4片
フレッシュハーブ
ローズマリー、タイム、セージ、オレガノ、マジョラム……………………各2枝
強力粉……………………適量
揚げ油…………………400㎖
塩…………………………少々
胡椒………………………少々

※フレッシュハーブが全種揃わない場合、最低でもローズマリーとタイムの2種類だけは用意したい。また、ドライハーブで代用するときは、塩、胡椒と一緒にふりかけて全体にまぶす。
※揚げ油は、ピーナッツオイルや太白胡麻油など、香りの強い油がお薦め。

揚げ加減のイメージは、表面はカリッと軽快、中はふわっと柔らか

❶ じゃがいもは皮をむいて1㎝角の棒状に切り、カリッと仕上げるために強力粉をまぶす。

❷ じゃがいも、にんにく、ハーブを鍋に入れ、材料が半分浸る程度に揚げ油を注ぐ。

❸ 強火にかけ、香りが立ってきたら箸でほぐす。泡立ってきたら中火にし、揚げムラを防ぐために材料を裏返す。

❹ スプーンで材料の上下を入れ替えるのが確実だが、腕に自信のある人はエイッと鍋をあおってもいい。常に泡が出ているくらいの温度を保って、じっくり揚げよう。

❺ きつね色に色づいてきたら、にんにくの揚がり具合をチェック。串がスーッと通るようになったら強火にし、もう1分ほど揚げる。

❻ 一気に金属製のザルに上げて油をきる。強力粉をまぶしてあるため、表面はカリカリでも中はふんわりしっとりだ。

❼ 塩、胡椒をふり、中華鍋をあおる要領でザルを振る。こうするとカリカリになったハーブが程よく崩れて全体に回る。わら半紙や半紙、和紙などを一度丸めて開いた上に盛りつけよう。

トスカーナ・フライドポテト

塩だらのポテトコロッケ

[材料] 3～4人分

じゃがいも(男爵)
……………中2個(約300g)
塩だら(切り身)………2切れ
塩……………………………適量
胡椒…………………………少々
衣
┌薄力粉、卵液、パン粉(ド
└ライ)………………各適量
揚げ油………………………適量

※揚げ油は好みのものでいいが、お薦めはラード。

[つくり方]

❶じゃがいもは洗い、水がついたままを1個ずつラップに包む。電子レンジ(600W)で10分加熱して柔らかくし、熱いうちに皮をむいてマッシャーなどでつぶす。
❷塩だらは皮と骨を外して、細かく刻む。
❸ボウルにじゃがいも、塩だらを入れ、塩、胡椒をふって混ぜ合わせる。たらの塩気によって塩の分量を加減すること。直径3㎝に丸めて薄力粉をまぶし、卵液、パン粉の順に衣をつける。
❹揚げ油を160～170℃に熱し、こんがり揚げる。

効率よく皮をむこう

❶ピーラーを用意する。T形が一般的だが、I形のほうがより安全で使いやすい。
❷手のひらの中央にじゃがいもを縦長に置いて握る。
❸奥から手前に、ピーラーをすべらせるように引いて皮をむく。
❹一周したら上下に残った皮をむく。芽の部分はピーラーの先端を使ってくりぬけばOK。

じゃがいものグラタン

[材料] 4人分

じゃがいも(メークイン)
…………中4個(約600g)
牛乳……………………2カップ
生クリーム…………⅔カップ
ナツメグ…………………少々
塩…………………………少々
胡椒………………………少々
溶けるチーズ(エダムチーズなど)………………3つかみ

[つくり方]

❶じゃがいもは皮をむいて2㎝幅にスライスし、鍋に重ねて並べ入れる。牛乳、生クリームを注ぎ、ナツメグ、塩、胡椒をふる。牛乳と生クリームの量はじゃがいもより2㎝くらい上が目安。足りないときは、牛乳3:生クリーム1の割合でプラスするといい。
❷鍋を中火にかけ、煮立ったら弱火にして、じゃがいもに串がスーッと通るまで煮る。
❸煮えたじゃがいもの⅓量を耐熱皿に広げる。溶けるチーズひとつかみを満遍なく散らし、じゃがいもの煮汁をひたひたに注ぐ。これをもう2回繰り返し、3層に重ねる。煮汁が足りないときは、①の要領で合わせた牛乳と生クリームを注ぎ足す。
❹200℃に熱したオーブンに入れて10分、こんがり色づくまで焼く。

アイリッシュ・シチュー

[材料]　4人分

じゃがいも（メークイン）
……………中4個（約600g）
羊肉（もも、骨付き肉など）
…………………………600g
玉ねぎ……中½個（約100g）
キャベツの葉……大2～3枚
ローズマリー（フレッシュ）
…………………………4枚
タイム（フレッシュ）……4枚
ローリエ（あればフレッシュ）
……………………1～2枚
塩…………………………適量
岩塩……………小さじ½弱
バター（好みで）…………30g
ウスターソース……小さじ½

※蓋の重い厚手の煮込み鍋を用意する。薄手の鍋は煮える前に焦げてしまうので厳禁。

[つくり方]

❶じゃがいもは皮をむき、5㎜幅にスライスする。玉ねぎは5㎜幅にスライス、キャベツは縦半分に切ってから2㎝幅に切る。羊肉は食べやすい大きさに切り、両面に塩大さじ½をふる。
❷じゃがいも、玉ねぎ、キャベツをボウルに入れ、塩小さじ1をふって手でざっくりと混ぜる。続けて羊肉とハーブを加えて同じようにざっくり混ぜ、煮込み鍋に入れる。
❸ひたひたに水を注いで岩塩をふり、バターをのせる。蓋をして、ごくごく弱火で1時間～1時間30分、蒸し煮にする。仕上げにウスターソースを回しかけ、器に盛る。

なす

教える人

ハサン・ウナルさん（ボスボラス・ハサン）
小室光博さん（小室）

［なすの基礎知識］

ナス科の一年草でインドが原産。日本で古くから栽培されてきた野菜のひとつ。主に流通しているものだけでも、長なす、中長なす、米なす、賀茂なす、水なすなど実に多彩な品種がある。

さまざまな調理法に合う素材で、煮ても焼いても揚げてもおいしい。なすを使った料理は数多いし、ポピュラーでもある。しぎ焼き、田楽、精進揚げ、漬物といった和風のものから始まって、麻婆茄子、ラタトゥイユ、ムサッカと各国それぞれのレシピがある。ここでは、日本料理とトルコ料理を二人のシェフが紹介する。

［材料］ 2人分

なす………大2本（約500g）
ピーマン（5㎜幅、2～3㎝長さに）…………1個（約50g）
玉ねぎ（粗みじん切り）………………½個（約100g）
羊挽き肉…………………70g
トマト（厚さ約1.5㎝の一口大に）………½個（約70g）
パセリ（みじん切り）……少々
にんにく（スライス）……1片
プレーンヨーグルト……70g
マーガリン………………20g
塩……………………小さじ½
白胡椒………………小さじ½
パプリカ（パウダー）……………………小さじ½
揚げ油……………………適量

❶ なすの皮をむく。形が崩れないよう、ところどころ皮を残すのがコツ。

❷ 縦半分に切り、さらに横に2㎝幅くらいにザクザクと切っていく。

❸ 揚げ油を180℃の高温に熱し、なすをカラリと揚げる。

❹ フライパンにマーガリンを熱し、玉ねぎを強火で炒める。

❺ ピーマンを入れ、塩、胡椒、パプリカを加えて炒め合わせる。

❻ 挽き肉を加え、崩しながら炒める。全体に白っぽくなるまで火を通そう。

❼ トマト、パセリ、にんにくを加える。ひと混ぜしたら蓋をして中火にし、1～2分煮る。

❽ 水を35～40㎖注ぎ、蓋をして1～2分煮て味をしみ込ませる。

❾ 最後に③を加えて、再び蓋をし、1～2分ほど煮る。器に盛り、仕上げにヨーグルトを回しかける。

なす、ピーマン、挽き肉のトマトソース煮
（パトゥルジャン ムサッカ）

フランス料理のラタトゥイユに通じるトルコの煮込み料理は、ほっと寛げる温かみのある味わい。爽やかなヨーグルトが味を引き締める。マトンはほかの肉でも代用できる。

[材料] 4人分

なす………大3本(約700g)
揚げ油……………………適量
特製梅鰹、薬味…………適量

※なすはずっしりと重く、艶やかなものを選ぼう。ヘタのトゲが指に刺さるものほど、鮮度がいい。

特製梅鰹
- 鰹節……………………12g
- 梅肉……………………30g
- だし(昆布)………大さじ4
- みょうが…………………2個
- 薄口醤油………………適量

薬味
- 青じその葉……………10枚
- 生姜……………………1かけ

焦げ目がつかないように160～170℃で揚げる。美しい翡翠色に

❶
なすのヘタとお尻の部分を切り落とす。

❷
なすの皮はできるだけ薄くむく。ピーラーを使ってもよい。なすは空気に触れると変色するので、時間をかけずに手早くむくことが大切。

❸
皮をむいたなすは、すぐに塩水(分量外)につけてアクを抜く。この間に薬味を用意。青じその葉はせん切りにし、生姜はすりおろす。

❹
なすの水気を完全に拭き取る。

❺
揚げ油を160～170℃の低温に熱し、なすを揚げる。焦げ目がつかないよう、低温でじっくり揚げるのがポイント。

❻
串を刺してみて、中までスーッと通るようになったらOK。すぐに氷水に放ち、粗熱を取る。

❼
翡翠色に揚がったなす。水気を拭き取って食べやすく一口大に切り、器に盛りつける。特製梅鰹と薬味を添える。

揚げなす

特製梅鰹のつくり方

❶鰹節はミキサーにかけて粒状にする。
❷梅肉、だしを加えて、ミキサーで撹拌する。①②の作業はミキサーの代わりにすり鉢を使ってもつくれる。
❸みょうがは粗みじんに刻む。
❹ボウルに②と③を入れて和える。梅干しの塩加減はそれぞれ異なるので、味見をしてから薄口醤油で味を調える。

［材料］４人分
好みの夏野菜（水なす、
冬瓜、万願寺唐辛子、
谷中生姜、夏にんじんなど）
……………………… 各適量

チャーシュー入りくるみ味噌
チャーシュー ……約100g
くるみ（殻なし）………50g
信州味噌 ………………50g
みょうが ………………２個
青じその葉 ……………10枚
奈良漬けまたは守口漬け
…………………………50g

夏野菜の下ごしらえ

水なす
ヘタとお尻の部分を切り落とし、皮ごと食べやすい大きさに切る。

冬瓜
皮はスプーンなどでできるだけ薄くむき、一口大の角切りにして面取りをする。鍋に冬瓜と水を入れて火にかけ、下ゆでする。真ん中に硬さがやや残るくらいにゆで上げる。

万願寺唐辛子
ヘタを取り、金串に刺して、網（石綿付きがベスト）で焦げ目がつくくらいまで焼く。焼き上がったら、すぐ氷水にとる。

谷中生姜
根元に向かって上からタオルでこすり、薄皮をこそげ取る。水につけておく。

夏にんじん
桂むきの要領で皮をむく。ピーラーを使ってもよい。スティック状に切って、１本ずつ面取りをする。繊維質の多い芯の部分を切り落とし、氷水につけておく。

①
チャーシューは３㎜角くらいに切る。みょうが、青じその葉、奈良漬け（守口漬け）は粗みじん切りにする。

②
胡桃は親指の爪くらいの大きさに切る。

③
胡桃をミキサーかフードプロセッサーに入れ、断続的にスイッチを入れて細かくする。

④
③をボウルに移し、味噌を加えて和える。

⑤
チャーシュー、みょうが、青じその葉、奈良漬け（守口漬け）を加えて混ぜれば、チャーシュー入りくるみ味噌の完成。下ごしらえした野菜は水気を拭き取り、皿に盛りつける。

水なすと夏野菜のカクテル

水分をたっぷり含んで瑞々しい夏野菜。それぞれの旨味を引き出すのが特製の味噌プディング。シンプルだがちょっと贅沢な味わい。

キャベツ

教える人
前田精長さん（聖兆）

［キャベツの基礎知識］

アブラナ科の一・二年草。原産地は紀元前6世紀のヨーロッパ。日本へは江戸時代に伝わるが、食用として広まったのは明治時代。

出回る季節によって、春キャベツ、夏秋キャベツ、冬キャベツに分かれる。春キャベツは小ぶりで、色は淡い緑色。巻きはそれほど強くない。葉が柔らかくサラダなどの生食向き。夏秋キャベツは冷涼地で栽培され、やや緑色が濃い。冬キャベツは寒玉とも呼ばれ、外側の葉は緑色をしているが中は白い。甘味があり、煮込んでも崩れない。スープやロールキャベツに向く。

キャベツ巻き蒸しご飯 ちまき風

[材料] 10個分

キャベツの葉…………大10枚
もち米……………………500g
干し貝柱…………………30g
干し海老…………………30g
干し椎茸…………………30g
紹興酒………………$\frac{1}{4}$カップ
塩または醤油……………少々

[つくり方]

---前日---
もち米は研いで水に浸し、一晩置く。干し貝柱、干し海老、干し椎茸はそれぞれ1カップの水に一晩浸して戻す。

---当日---
❶もち米の水気をきってさらし布に広げ、蒸気の上がった蒸籠に入れて15分蒸す。10分ほどたったところで、一度打ち水をする。
❷貝柱、海老、椎茸はそれぞれ水気を絞り、食べやすい大きさに切る。それぞれの戻し汁は$\frac{1}{2}$カップずつ鍋に入れる。
❸②の鍋に紹興酒を加えて中火にかける。煮立ったら貝柱、海老、椎茸を入れ、塩か醤油で少し濃いめに調味する。
❹キャベツの葉は熱湯で1枚ずつゆで、水気をしっかり拭き取る。
❺蒸し上がったもち米をボウルに入れ、③の鍋から貝柱、海老、椎茸をすくって混ぜる。スープは少量ずつ加えながら混ぜ、水分量を調整する。キャベツの葉で包むので硬めにまとまる状態がベスト。
❻もち米を10等分にし、それぞれをキャベツの葉で包む。蒸気の上がった蒸籠に並べて、15分蒸す。

[材料] 4人分

キャベツ……¼個(約300g)
油……………………大さじ2
蝦醤…………………小さじ2
万能ねぎ(小口切り)……適量

※油は、あれば香りの強いピーナッツオイルや太白胡麻油が向く。
※蝦醤はアンチョビで代用できる。

キャベツは甘味が出てくるまでじっくりと炒める。焦がさないように

1 キャベツの葉は、縦に5㎝幅に切ってから、1㎝幅に切る。

2 芯も甘くておいしいので、捨てずに使おう。なるべく薄い短冊切りにする。

3 フライパンに油を熱し、キャベツを一気に投入。強火で根気よく炒めていく。5分ほどたったら、一口食べてみて、十分に甘味が引き出せているかをチェックする。

4 蝦醤を加え、キャベツ全体に回るように炒め合わせる。器に盛り、万能ねぎを散らす。

"蝦醤(シャージャン)"は便利な旨味調味料

海老味噌こと蝦醤は、小海老と塩でつくる中国の発酵調味料。独特のにおいがあるが、旨味が濃厚で、料理に少し加えると複雑な味わいに。好きな人にはたまらない。炒め物に唐揚げの衣にと応用範囲が広く、使い慣れると実に便利だ。

前田シェフは、李錦記(リキンキ)のものを愛用。
蝦醤や56ページの朝天辣椒(チョーテンラージョウ)は中華食材店で購入可能。中華・高橋のショップ「古樹軒」(東京・日本橋 ☎03-3639-0032)では小売りのほか全国発送もしている。

キャベツの海老味噌炒め

[材料] つくりやすい分量

キャベツ……½個(約600g)
にんじん…小1本(約100g)
きゅうり……………………1本
長ねぎ………………………⅓本
にんにく……………………2片
生姜…………………………1かけ
赤唐辛子(種を抜く)……3本
花椒…………………………7粒
塩…………大さじ1強(20g)
砂糖………大さじ2強(20g)
ビール(飲み残しもOK)…1ℓ

※赤唐辛子は、あれば朝天辣椒(チョウテンラージョウ)という中国産を使うとより本格的な味わいになる。朝天辣椒は中華食材店で購入可能。中華・高橋のショップ「古樹軒」(✆03-3639-0032)では小売りのほか全国発送もしている。

1
キャベツの葉先は、5㎝角ぐらいにちぎる。芯は、薄切りにする。

2
根元に近い厚い部分は、包丁の腹で叩いて軽くつぶしてから、5㎜幅くらいの斜め切りにする。

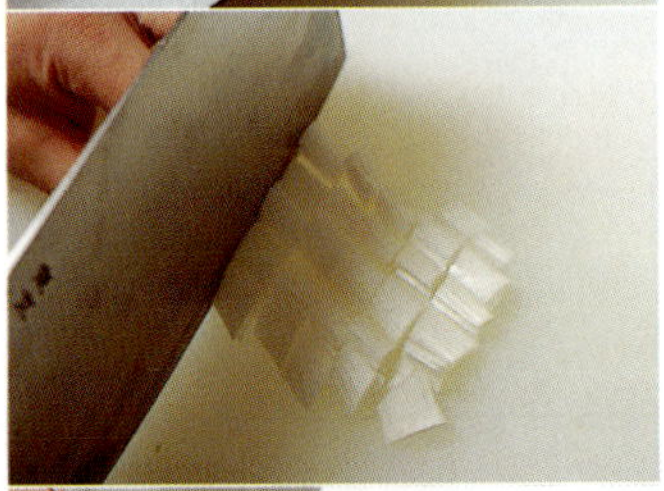

3
長ねぎは縦に包丁を入れて中の芯を取り、外側の白い部分を1㎝角に切る。

4
にんにくは半分に切って芯を取り、薄切りにする。生姜も同じくらいの大きさに切る。

5
にんじん、きゅうりは、歯ごたえが残るよう、2㎜厚さくらいの短冊切りにする。

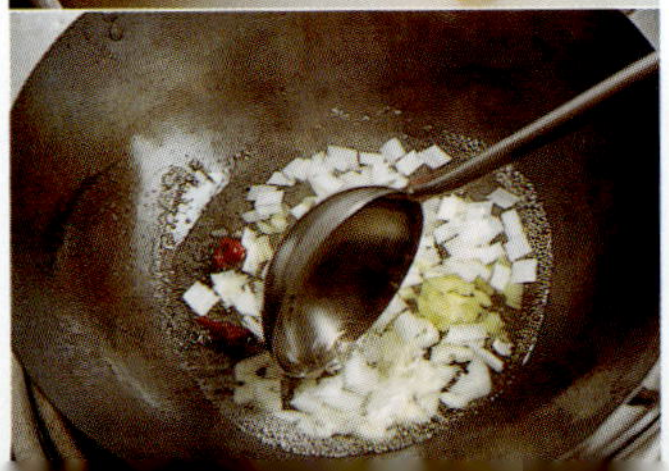

6
中華鍋に水2ℓを注いで沸かし、長ねぎ、にんにく、生姜、赤唐辛子、花椒、塩、砂糖を投入。

7
再び沸いてきたら、アクをこまめに取り除きながら3分ほど煮立たせる。

8
ボウルに移して粗熱を取り、ビールを注ぐ。

9
キャベツ、にんじん、きゅうりを入れて混ぜる。雑菌の侵入を避けたいので、必ず箸を使うこと。

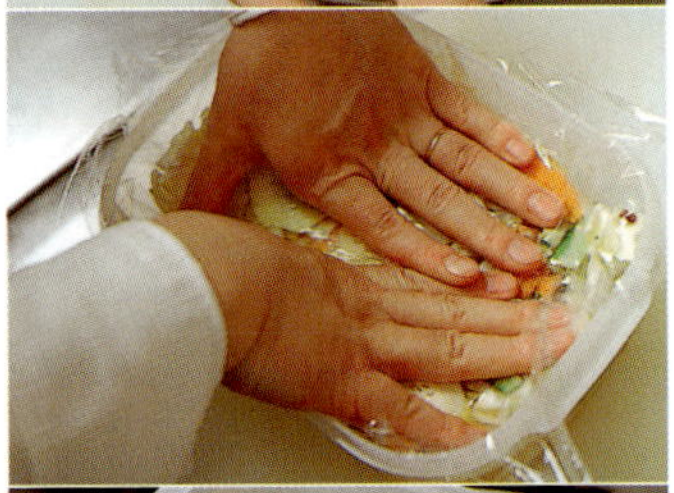

10
保存できる容器に汁ごと移す。ラップをかぶせ、上からぎゅっと押さえつけて空気を抜く。

11
重石をして冷蔵庫に入れ、2日間ほど漬け込む。ひとまわり小さい容器に水を入れたものを重石にしてもOK。

キャベツと野菜のビール漬け

爽やかな歯ごたえと複雑な旨味を兼ね備えた、上品な漬物。

発酵を促すためにビールを使った野菜漬けは、清々しい印象の中に、花椒や唐辛子の複雑な旨味ある辛さがほのかに効いていて、実に美味。

にら

教える人

齋藤永徳さん（北京遊膳）

［にらの基礎知識］

ユリ科の多年草で、ねぎの仲間。原産地は東アジアで、古くから日本にも自生している。独特の香りの成分には殺菌作用や消化を促す作用がある。

ビタミンA、B_2、Cを豊富に含むにらを調理するときに気をつけるのは火を通しすぎないこと。加熱時間が長いと栄養素が壊れてしまうし、風味も色もとんでしまう。レバにらや野菜炒めには軸が太く葉に厚みのあるものを使用すること。薄いにらはすぐに熱が入ってしまい調理が難しく、食べると上あごにひっつきやすいからだ。葉の薄いにらは餃子やにら饅頭向き。

にらと豆腐の炒め

[材料] 2～3人分

にら……………………………½把
木綿豆腐………………………1丁
豚挽き肉……………………50g
ねぎ油(市販品)または油
…………………………大さじ2
にんにく(みじん切り)
……………………………1片
生姜(みじん切り)
…………………………小さじ1
長ねぎ(みじん切り)
…………………………大さじ1
豆板醤………………………小さじ2
チキンスープ………½カップ
醤油……………大さじ1～2
砂糖…………………………小さじ1
水溶き片栗粉………大さじ1
胡麻油………………………小さじ1

※チキンスープは熱湯に無塩タイプの鶏がらスープの素を適量溶かして用意。中華食材店で購入できる半練り状のスープの素「鶏塊湯（チーカイタン）」もお薦め。
※水溶き片栗粉は、片栗粉1：水4の割合で溶く。

[つくり方]

❶豆腐は水きりし、横に2～3等分に切ってから1.5cm幅に切る。にらは1cm幅に切る。
❷鍋にねぎ油を強火で熱し、にんにく、生姜、長ねぎ、豆板醤を炒める。香りが立ってきたら挽き肉を入れてよく炒める。
❸挽き肉がポロポロになったらスープを注いで煮立て、醤油、砂糖で調味する。豆腐を入れて中火にし、数分煮て味をしみ込ませる。
❹煮汁が少なくなってきたら強火にし、にらを加えて大きく数回混ぜ、水溶き片栗粉でとろみをつける。鍋肌から胡麻油を入れて風味をつけ、ひと混ぜする。

黄にらと芝海老の薄塩炒め

[材料] 2～3人分

黄にら………………………1把
芝海老…………………大12尾
片栗粉……………………適量
卵白……………………½個分
塩、胡椒、胡麻油……各少々
筍の水煮……………小½本
しめじ………………½パック
にんじん……………小½本
きぬさや…………………6枚
ねぎ油(市販品)または油
…………………………大さじ2
生姜(みじん切り)
…………………………小さじ1
長ねぎ(みじん切り)
…………………………大さじ1
チキンスープ………大さじ2
塩……………………小さじ½
水溶き片栗粉………小さじ1
胡麻油……………………小さじ1
酢…………………………小さじ½
揚げ油(油通し用)………適量

※中華の炒め物では、油通しをすると味ののりがよくなってシャキッと仕上がる。が、省略したい人は、野菜の油通しはせず、芝海老を沸騰した湯にくぐらせるだけでもよい。この場合、芝海老が鍋にくっつきやすくなるので、フッ素樹脂加工のフライパンを使い、強火でガンガン炒めよう。

※チキンスープは熱湯に無塩タイプの鶏がらスープの素を適量溶かして用意。中華食材店で購入できる半練り状のスープの素「鶏塊湯（チーカイタン）」もお薦め。
※水溶き片栗粉は、片栗粉1：水4の割合で溶く。

[つくり方]

❶芝海老は片栗粉少々をまぶし、汚れを吸着させてから流水で洗う。水気をしっかり拭いてボウルに入れ、軽く泡立てた卵白と、塩、胡椒をふって混ぜ、片栗粉大さじ1をまぶす。胡麻油を数滴たらして混ぜておく。
❷黄にらは5cm長さのざく切り、筍は薄切りにする。しめじは小房に分け、にんじんは短冊切り、きぬさやは筋を取る。
❸油通しをする。揚げ油を100℃に熱し、芝海老を入れ、表面の色が変わったらすぐに黄にら、筍、しめじ、きぬさやを加えて30秒ほど火を通す。芝海老と野菜を取り出し、油をあける。
❹同じ鍋にねぎ油を強火で熱し、生姜、長ねぎを炒める。香りが立ってきたらスープ、塩を入れて煮立て、芝海老と野菜を戻す。鍋を振ってざっくりと混ぜ、水溶き片栗粉でとろみをつけ、鍋肌から胡麻油を加え、酢をふってひと混ぜする。

[材料]　2人分

にら……………………………½把
キャベツ………½個（約500g）
にんじん………………小⅓本
玉ねぎ…………………中⅓個
ピーマン……………………1個
干し椎茸（水で戻す）……大1個
もやし………………………½袋
ねぎ油（市販品）または油
　………………………大さじ2
チキンスープ……………80mℓ
塩………………………小さじ1
酢………………………小さじ½
胡麻油…………………小さじ1

※キャベツは、できれば葉の柔らかい上半分を使いたい。縦割りの½個を使う場合は、さらに縦半分に切ってから横にし、せん切りにするといい。
※チキンスープは熱湯に無塩タイプの鶏がらスープの素を適量溶かして用意。
※塩は、齋藤さんが「料理が冷めても味が変わらない」という「ミネラルキング」（株式会社電子産業 ✆0776-27-5351）を使用している。

野菜炒め成功の秘訣は、材料の野菜を同じ大きさに切り揃えること

❶
キャベツは、もやしと同じ大きさにせん切りにする。

❷
にら、にんじん、玉ねぎ、ピーマン、軸を取った椎茸も、もやしと同じくらいの長さ、太さに切り揃える。

❸
鍋にねぎ油を強火で熱し、にら以外の野菜を一気に投入して炒め合わせる。

❹
スープを加えて軽く混ぜ合わせ、次に塩をふる。好みで胡椒を足してもいい。

❺
汁気がほぼとんだら、にらを加え、鍋を大きく振ってざっと混ぜ合わせる。軽く火が通ればOKだ。

❻
酢を加えて野菜の甘味を引き出し、香りづけの胡麻油を鍋肌から入れてひと混ぜする。

にらはこう使い分けよう

葉がペラペラと薄いにら（写真左の左側）は餃子の具などに向く。炒め物には、高級スーパーで手に入る肉厚タイプ（同右側）を選びたい。黄にら（写真右）は日光を当てずに軟化栽培したもの。より柔らかで甘く、においも少ない。

にら入り野菜の塩味炒め

[材料] 2～3人分

にら……………………………1把
鶏レバー…………………200g
老酒……………………小さじ2
片栗粉………………大さじ1
筍の水煮
…………小½本(約150g)
きくらげ(乾燥品1.5gを水で戻す)…………………15g
ねぎ油(市販品)または油
……………………大さじ2
醤油……………………大さじ2
砂糖……………………小さじ2
チキンスープ………大さじ2
水溶き片栗粉………小さじ1
胡麻油…………………小さじ1
揚げ油(油通し用)………適量

※中華の炒め物では、油通しをすると味ののりがよくなってシャキッと仕上がる。が、省略したい人は、筍の油通しはせず、レバーを沸騰した湯にくぐらせるだけでもよい。この場合、レバーが鍋にくっつきやすくなるので、フッ素樹脂加工のフライパンを使い、強火でガンガン炒めよう。
※水溶き片栗粉は、片栗粉1：水4の割合で溶く。

1
きくらげは、軽く洗ってから、石づきを手でむしり取り、一口大にちぎる。

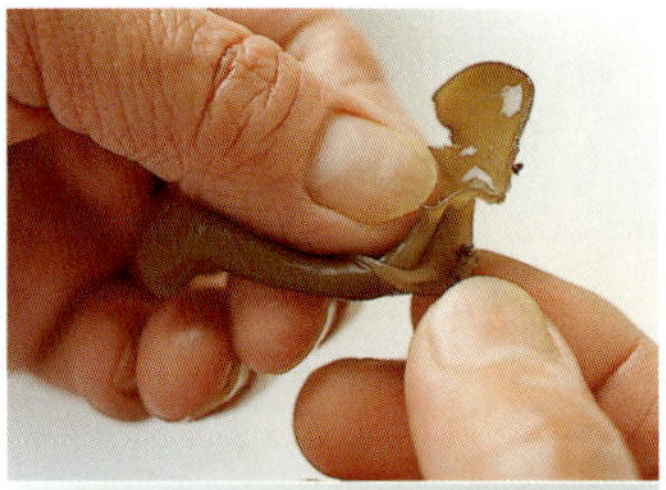

2
にらは4cm長さに、筍はレバーと同じ大きさに切る。レバーはコラムを参照して下処理をする。

3
レバーに老酒をふりかけ、片栗粉を加え、手でよく混ぜ合わせる。

4
油通しをする。揚げ油を100℃に熱し、レバーを入れ、表面が白く変わったら筍を加える。30秒ほど火を通したらレバーと筍を取り出し、油をあける。

5
同じ鍋にねぎ油を強火で熱し、レバー、筍を戻し、きくらげを入れる。醤油大さじ1を加えて炒め合わせる。

6
砂糖、スープ、醤油大さじ1の順に、大きく混ぜ合わせながら加える。火加減は終始強火で。

7
にらを加え、鍋を大きく振ってあおり、軽く火を通す。

8
水溶き片栗粉でとろみをつけ、鍋肌から胡麻油を加えて風味をプラスし、ひと混ぜする。

鶏レバにら

鶏レバーの下処理と切り方

❶鶏レバーは、端についている小さな心臓の部分を切り外し、周囲の脂身を削り取る。
❷心臓の部分は、包丁を寝かせて刃を押し当て、横にすべらせるようにして薄く切り開く。
❸切り開いた心臓は半分に切る。一羽から2切れしかとれない貴重な部位。
❹残りの部分は、スジや血管などの黒い部分を丁寧に取り除く。
❺長さ4㎝、幅1.5㎝、厚さ2～3㎜のそぎ切りにする。

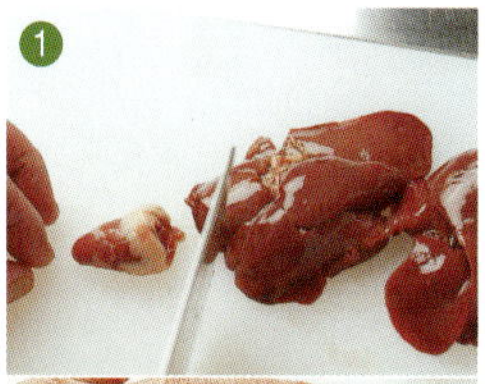

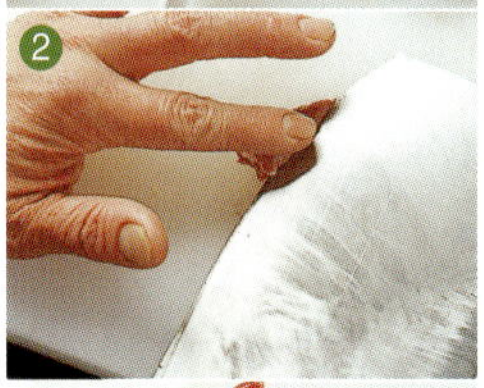

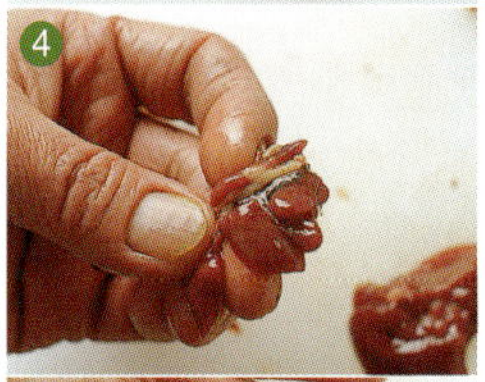

白菜

教える人

孫 幼婷さん（田燕居）

［白菜の基礎知識］

アブラナ科の一・二年草。ビタミンC、ミネラルが豊富なうえ、発ガン抑制作用をもつフラボノイド、発ガン物質の毒性をなくすインドール化合物といった成分も含む。ストレスが多く、生活習慣病に悩む現代人には欠かせない野菜。

買うときは、巻きのしっかりした、ずっしり重いものを選ぶこと。半分や四つに切ったものは傷みが早いため、丸ごと買って、床下や外の寒いところで保存するのがいい。それが無理な場合は、半分に切り、使わないほうの切り口に外側の葉を巻き、湿らせた新聞紙にくるんでから、冷蔵庫に入れること。

白菜とりんごのシャキシャキサラダ

［材料］ 4人分

白菜……………⅙個（約300g）
りんご…………1個（約300g）
ドレッシング
- 中国の黒酢…………大さじ4
- 胡麻油………………大さじ2
- 砂糖…………………大さじ1½
- 塩……………………小さじ⅓

［つくり方］

❶ドレッシングをつくる。ボウルに材料をすべて入れ、よく混ぜる。
❷白菜とりんごをせん切りにし、別のボウルに合わせる。食べる直前にドレッシングをかけて和え、器に盛る。

［材料］ 4人分

白菜…………1/6個（約500g）
塩…………少々
漬け汁
- 赤唐辛子（小口切り）…………大さじ1
- 長ねぎ…………10～12cm
- 生姜…………小1かけ
- 砂糖…………大さじ5
- 酢…………小さじ5
- 塩…………小さじ2/3
- 胡麻油…………1/2カップ

白菜はゆですぎると甘味がなくなるので要注意。一晩ねかせて完成

1 赤唐辛子は、ひたひたの水につけて柔らかくする。長ねぎは5～6cm長さのせん切りにし、生姜もせん切りにする。

2 白菜は、根元と葉先を切り落とし、食べやすい幅に縦に切る。

3 鍋に湯を沸かして塩を入れ、白菜を1分ほどゆでる。芯のほうから入れるのがポイント。

4 しんなりして透明感が出てきたら、氷水にとる。急速に冷やすことで歯ごたえを引き出せる。

5 白菜の水気をペーパータオルなどで軽く拭く。バットに並べ、砂糖、酢、塩をふり、赤唐辛子、長ねぎ、生姜を散らす。

6 胡麻油を煙が出るまで熱し、アツアツをジュッと回しかける。粗熱が取れたら冷蔵庫に入れ、一晩ねかせる。

白菜の甘辛和え

［材料］ 4人分

白菜……………⅙個（約500g）
栗（殻付き）………………250g
（むき栗を使う場合は、170～180g）
胡麻油……………大さじ1⅔
紹興酒……………大さじ1½
塩……………………小さじ⅔
水溶き片栗粉………大さじ1

※白菜を蒸すときに使う水を鶏がらスープに替えると、よりコクが出る。
※水溶き片栗粉は、片栗粉1：水2の割合で溶く。
※白菜は蒸すほうが旨味が損なわれないが、電子レンジで加熱してもいい。
※栗は好みで天津甘栗を使用してもいい。この場合、栗は蒸す必要なし。

1
栗は鬼皮をむき、渋皮は包丁で削り取る。あらかじめ一晩水につけておくとむきやすい。市販のむき栗を手に入れると簡単だ。

2
栗をボウルに入れ、蒸気の立った蒸し器に入れる。表面がしっとりしてくるまで10分ほど蒸す。

3
白菜は根元を切り落とし、大きい葉は食べやすい幅に縦に切って器に並べる。水70㎖を注ぎ、蒸気の立った蒸し器に入れて、芯に透明感が出てくるまで蒸す。

4
鍋に胡麻油を熱し、白菜の蒸し汁、栗を加えて一度煮立ててから、中火にして煮る。

5
栗が柔らかくなったら紹興酒と塩で調味し、水溶き片栗粉でとろみをつける。

6
皿に盛った白菜の上から、アツアツの⑤をざっと回しかける。

白菜と貝柱のじっくり煮

［材料］ 4～6人分

白菜の内側の部分
…‥1個分（約600～700g）
干し貝柱…………………20g
油…………………大さじ1⅔
塩……………………小さじ½
水溶き片栗粉‥‥小さじ1～2
飾り用（好みで用意）
八角……………………4個
揚げ油…………………適量

※白菜を煮るときに使う水を鶏がらスープに替えると、よりコクが出る。
※水溶き片栗粉は、片栗粉1：水2の割合で溶く。

［つくり方］

❶干し貝柱はぬるま湯1カップにつけ、12時間以上置いて戻す。
❷白菜は根元を切り落とし、形を保ったまま6～7㎝長さのものを二つ切り出す。白菜の中心に戻した貝柱を詰め、煮くずれしないよう料理用たこ糸で縛る。貝柱の戻し汁は後で使うのでとっておく。
❸鍋に油を熱し、貝柱の戻し汁と水を合わせて2½カップ入れる。煮立ったら②を入れて弱火にし、15分ほど煮る。
❹白菜が柔らかくなったら取り出して器に盛り、たこ糸を外す。
❺煮汁は塩で調味し、水溶き片栗粉でごく薄いとろみをつけ、白菜の上からかける。好みで、素揚げにした八角を添える。

白菜と栗のとろみ蒸し

胡麻油の風味が豊かに広がり、身も心も温まる。白菜の葉を細長い状態で使うと、スープをたっぷり含む柔らかな葉先、葉ごたえある根元、それぞれの食感の違いを楽しめる。

大根

教える人
小室光博さん（小室）

大根の基礎知識

地中海沿岸から中東が原産地。日本における野菜の生産量はじゃがいもに次いで多い。

部位によって味が違い、先端部分は水分と辛味成分が多く含まれ、中央は甘味がある。葉に近い部分は、繊維質が多くてやや大味。先端は大根おろしに使い、中央は甘味を生かして煮物に、そして、葉に近い部分は、皮をほかの部分よりも厚めにむいて、油で炒めたりするといい。

また大根の葉は栄養分の塊とも言え、ビタミンCの含有量は、いちごのそれに匹敵するほどで、カロチンは野沢菜やチンゲン菜よりもはるかに多い。

ささがき大根

[材料] 2人分

大根……………………5～6㎝
鰹節………………ひとつかみ
醤油………………………少々

[つくり方]

❶大根は5㎜程度の厚めに皮をむき、ささがきに削る。
❷器に盛り、鰹節を添える。食べるときに醤油を好みでたらす。

大根の皮のきんぴら

[材料] 2人分

冬大根の皮(厚めにむいたもの)
…………………8～10㎝分
胡麻油………………大さじ1
醤油…………大さじ1～1½
日本酒………大さじ1～1½
一味唐辛子………………少々

[つくり方]

❶大根の皮は、味がしみやすいよう斜め切りにする。
❷鍋に胡麻油を強火で熱し、大根の皮を炒める。透明感が出てきたら、醤油と日本酒をほぼ同量加え、炒り煮にする。
❸熱々を器に盛り、一味唐辛子をふる。

［材料］ 2人分

大根……………………約8㎝
桜味噌…………………200g
白味噌…………………100g
日本酒……………… 3/4カップ
味醂………………… 3/4カップ
豚バラ薄切り肉………150g
柚子の皮 ….約4×6㎝を1枚
七味唐辛子………………少々

※桜味噌は、赤味噌にごぼうや生姜などを刻んで混ぜ込み、甘く味つけしたなめみそ。八丁味噌で代用できる。

下煮はしないで、蒸すのが小室流。青首大根の旨味を逃がさない知恵

❶ 大根は半分（4㎝幅）に切り、5㎜程度の厚めに皮をむく。この皮はきんぴらにするといい。

❷ 面取りをする。見た目にも美しい。

❸ 大根を蒸し器に入れて、30〜35分蒸す。串がスーッと通るようになればOKだ。

❹ 柚子の皮は内側の白い部分を丁寧に削り、あられ切りにする。

❺ 豚肉は1.5㎝くらいの幅に切り、軽くほぐしておく。

❻ 鍋に2種類の味噌を入れて軽く混ぜ、火にかける。日本酒を少しずつ加えていく。

❼ ダマにならないようヘラで混ぜながらのばし、続いて味醂を一度に加える。

❽ 味噌の生臭さを取るため、15分ほど中火で加熱しながら混ぜ、煮詰める。

❾ 豚肉を入れ、3分ほど煮て火を通す。器に③を盛り、味噌をのせ、仕上げに柚子の皮と七味唐辛子を散らして香りを添える。

ふろふき大根

[材料] 2人分

大根(葉付き)…………5～6cm

米…………………………1.5合

漬け汁

┌ 醤油………………½カップ

└ 日本酒……………½カップ

塩…………………………適量

※米は研いでザルに上げ、30～40分置いておく。ご飯を炊く水の分量は米の約1.2倍が目安。ここでは内径15cmの土鍋を使用。

1

大根の葉は洗い、7～8cm分をごく細かいみじん切りにする。塩小さじ½をもみ込み、20～30分置く。鍋に漬け汁の醤油と日本酒を合わせて火にかけ、2分ほど煮立ててから冷ます。

2

大根は5㎜程度の厚めに皮をむき、縦に1cm幅に切る。この大根3枚が2人分の適量。

3

冷ました漬け汁に大根を入れ、10分ほど漬ける。

4

大根を取り出して水気を拭き、両面を焼き目がつく程度に網で焼く。ベストは炭火だが、ガス火でもOK。

5

端の斜めの部分を切り落として、7～8㎜の角切りにする。

6

塩もみした大根の葉の水気をぎゅっと絞る。

7

米と水を土鍋に入れて強火にかけ、沸騰したら火を弱めてフツフツの状態にする。噴いたら蓋をずらして調節するといい。約8分炊いたら蓋をして強火にする(再度噴き上がるようなら、もう少し弱火で炊く)。パチパチと音がしてきたら十数えて火を止める。

8

蓋を取って大根の葉と角切り大根をご飯の上に素早くのせ、もう一度蓋をして10分ほど蒸らす。蒸らし終えたら軽く塩をふり、しゃもじでご飯を切り混ぜる。

口にふくんだ瞬間、焼き大根の香ばしさや、青っぽい独特の風味をもつ葉の香りが、驚くほど鮮烈に広がる。最後に強火で加熱すると、おいしいおこげができる。

水菜

教える人
岡本憲昌さん（安兵衛）

［水菜の基礎知識］

アブラナ科の一・二年草。ポピュラーな京野菜のひとつ。京菜が別称。

栄養に富んでおり、カロチン、ビタミンC、カルシウム、鉄分が多く含まれている。

水菜には2種類ある。葉が尖ったものが切り水菜で鍋物や炒め物に向き、葉の丸いものが丸水菜（丸葉水菜）で、やや柔らかく、漬物に向く。丸水菜は壬生《みぶ》菜《な》ともいう。

葉に張りがあり、切り口が新鮮なものを選んだほうがいい。使うときには流水でよく洗うこと。とくに根には土がついているので丁寧に。

刻み水菜とマグロのタルタル

［材料］ 2人分

水菜……………………………¼把
鮪……………………………150g
塩……………………………小さじ½
煎り胡麻（白）…………小さじ1

※ここでは鮪は中トロを使っているが、赤身もおいしい。この料理は塩加減が決め手なので、脂の少ない赤身の場合は塩をやや少なめにするといい。

［つくり方］

❶水菜は、根元から半分ほどを5㎜幅くらいに刻み、ペーパータオルなどに挟んで水気を取る。葉の部分は水菜ご飯にしたり、サラダなどに使うといい。
❷マグロはまず、ペーパータオルで押さえてドリップを吸い取る。このひと手間で味わいがアップ。次に6〜7㎜角に切って、包丁で細かく刻み、塩を混ぜる。
❸器に盛って胡麻をふり、水菜を添える。鮪に水菜をまぶしつけるようにして食べる。

［材料］ 2～3人分

水菜……………………………1把
ぐじ（甘鯛）の一夜干し
……………半身（約500g）
長ねぎ………………………2本
塩……………………………少々
椎茸…………………………6個
えのきだけ…………1パック
生湯葉……………………適量
薬味
- すだち……………2～3個
- 七味唐辛子……………少々

鍋だし（1ℓ）
- 昆布……約10×25cmを1枚
- 鰹節……………ひとつかみ
- 薄口醤油………大さじ約⅔
- 塩………………小さじ約⅔

※ぐじは、若狭のひと塩ものがベスト。生の甘鯛を使う場合は、少し強めにふり塩をして焼くといい。
※ぐじの代わりに、豚薄切り肉でつくってもおいしい。この場合は、焼かずに生のまま鍋に加え、ひと煮立ちしたところを食べる。

水菜の根元には十文字に包丁目を入れて火を通りやすくするのがコツ

❶
だしをとる。昆布は水2ℓに12時間以上つけておく。

❷
昆布を取り出して中火にかける。この昆布は後で使うのでとっておく。煮立ったらアクをすくい、鰹節を入れてすぐに火を止める。鰹節が沈んだら漉す。

❸
ぐじはエラの下に包丁を入れ、頭を切り離す。腹骨を包丁で薄くそぎ取り、残っている小骨は骨抜きで抜く。身を2cm角くらいに切る。

❹
ぐじを“霜降り”にする。皮を下にして網じゃくしにのせ、沸騰した湯の表面につける。ウロコが立って身が縮んだら、全体を湯にくぐらせてすぐに引き上げ、冷水にとる。

❺
冷水の中でウロコを洗い、ザルに上げて水気をきる。“霜降り”によりウロコが取れるだけでなく、臭みが消えてアクも減る。

❻
だしをとった後の昆布にぐじを皮目を上にしてのせ、上火のグリルで焼く。頭も一緒に焼こう。

❼
焼き目がついたら裏返し、さらに軽く焼く。長ねぎは軽く塩をふり、両面をグリルで焼く。

❽
水菜は3cm長さくらいにざくざく切る。

❾
水菜の根元には十文字に包丁目を入れる。長ねぎは4～5cm長さに切り、椎茸は軸を取り、えのきだけは石づきを切り落とす。湯葉は食べやすい大きさに切る。器に、具をすべて並べる。

❿
土鍋にだし1ℓを注いで火にかけ、薄口醤油と塩で調味する。ぐじ、野菜の順に鍋に入れ、煮えたら小鉢に取り分ける。すだちを搾り、好みで七味唐辛子をふる。

水菜とぐじのハリハリ鍋

刻み水菜ご飯

［材料］ 2人分

水菜の葉の部分………1/4把分
塩…………………小さじ1/2弱
ご飯………………茶碗2杯分
ぶぶあられ………………少々

※やや苦味のある葉の部分だけを使用したが、茎の部分も一緒に刻んで塩もみし、ご飯に混ぜてもおいしい。

［つくり方］

❶水菜は1㎝幅くらいに刻み、塩をふって手でもみ込む。塩加減は、"酒が進むくらいのややきつめ"がよい。
❷しんなりしたら、すぐに温かいご飯に混ぜる。ぶぶあられを散らす。

飲んだ後などは、水菜ご飯に白湯を回しかけ、サラサラとやるのもサッパリとしてお薦めだ。

水菜はこう使い分けよう

水菜には2種類ある。葉が尖った手前が"切り水菜"で鍋物や炒め物向き。葉の丸い奥は"丸水菜（丸葉水菜）"で"壬生菜（みぶな）"とも呼ばれる。切り水菜よりやや柔らかく、漬物に向く。

ふきのとう

教える人
加藤裕之さん（三合菴）

［ふきのとうの基礎知識］

キク科の多年草・ふきの花のつぼみで、早春の山菜として知られる。旬は3月。日本全国の野原や山地に自生しているものと栽培ものがあり、外側が茶褐色のものが、野生とされている。

店で買うときには、切り口がきれいなものを選ぶこと。

ふきのとうのおいしさは、早春の土の香りにあるので、苦味やえぐみを程よく残して香りを引き出した料理を心がけるとよい。気をつけるポイントはたった一つ。アクが強く空気に触れるとすぐに色が変わってしまうので、刻んだら時間を置かずに、すぐに調理すること。

［材料］つくりやすい分量

ふきのとう、わらび、うど、ふき、浜防風、うるい、根三つ葉、クレソン…各１束
筍（水煮）……………………½本
下ごしらえ用
灰（わらび用）、米の研ぎ汁（筍用）、塩、酢……各適量
下煮用
だし、薄口醤油、薄色醤油……………………各適量

漬け汁
だし……………………1.5ℓ
薄口醤油………………90㎖
（あれば、½量をきぢ醤油〈淡紫〉にする）

※下ごしらえ用の灰は、わらび40本に対しておたま1杯半ほどが目安。わらびと一緒に売られていることもある。
※きぢ醤油〈淡紫〉は、二段仕込みで知られるきぢ醤油（広島・呉☎0823-79-5026）でつくられる、まろやかな味の薄口醤油。煮物にお薦め。

ふきのとうをゆでるときは落とし蓋を！　空気に触れて黒変しないよう

❶
わらびは根元の硬い部分を切り落とす。鍋に湯を沸かし、沸騰したら灰を入れて火を止める。わらびの根元だけを湯につけてかき混ぜるようにし、温度を少し下げてから投入する。そのまま一昼夜つけてアクを抜き、3㎝長さに切って水気をきる。

❷
鍋に水4カップ弱を沸かし、塩小さじ2を入れて、ふきのとうを1〜2分ゆでる。空気に触れると黒くなるので落とし蓋をするのがポイント。ザルに上げておく。

❸
うどは3㎝長さに切って皮をむき、2㎜角の細切りにして酢水に放つ。酢少々を加えた湯で、柔らかくなるまでゆでる。ふきは板ずりして柔らかくゆでる。水にさらして筋を取り、3㎝長さに切る。太いものは四つ割りにする。筍は米の研ぎ汁で1時間ほどゆでてアクを抜き、火からおろしてゆで汁ごと冷ます。皮をはがし、4㎝長さの短冊切りにする。

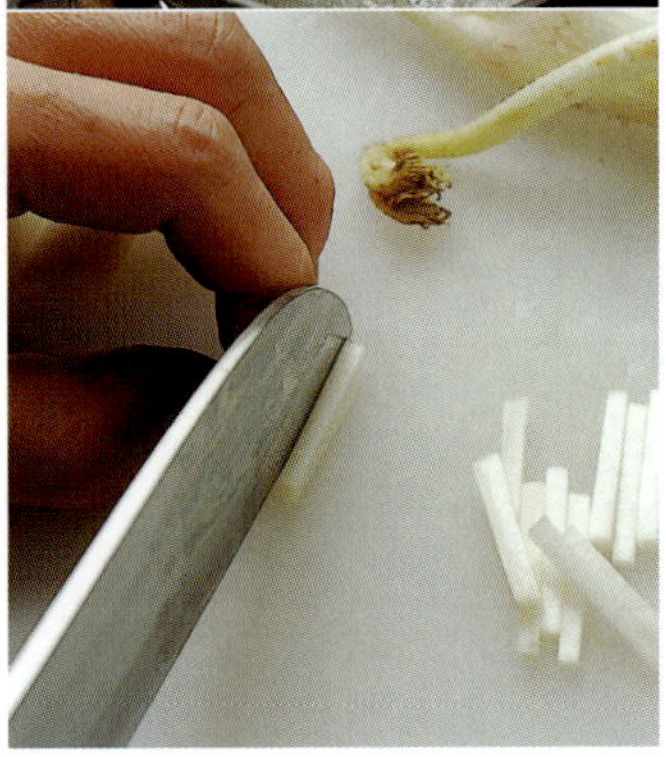

❹
ふきと筍を下煮する。鍋にだしを入れて薄口醤油、薄色醤油で薄めに味つけし、筍とふきを入れて火にかける。2〜3分煮立てたらザルに上げる。

❺
浜防風、うるい、根三つ葉、クレソンはそれぞれさっとゆがいて水気を絞り、3㎝長さくらいに切り揃える。

❻
漬け汁の材料を容器に合わせ、野菜を浸す。半日ほどかけてじっくり味をしみ込ませる。

ふきのとうと春野菜のおひたし

[材料] つくりやすい分量

ふきのとう……………小12個
味噌（好みのもの）………50g
胡麻油……………大さじ1½
味醂…………………小さじ1½

※胡麻油は風味のよい太白胡麻油がお薦め。

①
ふきのとうは5㎜角に刻む。空気に触れるとすぐに黒く変色するので、炒める直前に刻むのがポイント。

②
鍋を熱し、胡麻油をひいて①を中火で炒める。油の量は、多すぎても少なすぎてもおいしくできないのでちゃんと計量したい。

③
しんなりしてきたら火を弱め、味噌を入れて混ぜ合わせる。ここでは信州味噌（麹味噌）を使用。味噌はやっとからまる程度の少なめが理想的。

④
味醂を加えて汁気がなくなるまで炒め合わせる。味噌に甘味がある場合は、味醂は省いてもいい。

ふきのとうの天ぷら

[材料] 4人分

ふきのとう……………12個
白魚…………約100～150g
衣（つくりやすい分量）
- 薄力粉……………1カップ
- 卵…………………………1個
- 冷水……………2½カップ

揚げ油……………………適量
天つゆ、塩など好みのもの
…………………………適量

※衣の薄力粉は30分～1時間、冷蔵庫で冷やしておく。粘りが出にくくなり、サクッと揚がる。

[つくり方]

❶白魚は水気を拭き取って薄く薄力粉（分量外）をはたく。
❷衣をつくる。ボウルに卵を割りほぐし、冷水を加えて混ぜる。そこに冷やしておいた薄力粉をふるいながら入れ、箸で軽く混ぜて溶かす。粘りを出さないよう注意。すくうとサラサラ流れる、薄めの衣が三合菴流。
❸揚げ油を160～170℃の低温に熱する。衣にくぐらせたふきのとうを入れて揚げる。次に油を180℃の高温に熱し、残りの衣に白魚を入れて1本ずつ揚げる。器に盛り、天つゆや塩を添える。

ふき味噌

時に苦く、時に甘く、複雑な味わいを秘めたふき味噌は、アツアツのご飯にのせると俄然、本領発揮！　これだけでご飯が何杯でも食べられてしまう。

この本には全44品の
野菜料理が載っている。
どれも新進気鋭のシェフたちが
素材をじっくりと眺め、
全知全能を傾けて作ったものだ。
では、彼らの料理の大本である野菜は
どうやって作られているのか。
私は主に野菜を育てている農家
4軒を取材した。
しかも彼らが作っているのは
農薬や化学肥料を
ほとんど使っていない野菜である。
私はそうした手間のかかる野菜を
作っている農家の
今の姿を見てみたかった。

本文に入る前にひとつ、注釈をつけておきたい。農薬や化学肥料をほとんど使わないで育てた野菜のことを専門用語では特栽品（特別栽培農産物の略）と言う。無農薬野菜、有機野菜という言葉の方が広く知られているが、実際には無農薬野菜というのはほとんど流通していない。日本のように温度と湿度が高い国で、農薬をまったく使わずに植物の病気や害虫を防ぐのは相当に難しいことなのだ。また、有機野菜と表示されているものは農水省によって認証を受けたものだけを指す（２００１年より）。こちらもまた、畑の土壌の検査、出来上がった野菜のチェックなどがあり、簡単には認証を受けられない。つまり、現在、私たちが自然食品店や「らでぃっしゅぼーや」のような自然食品宅配業者から入手できる野菜とは、ほぼ特栽品のことである。こうした前提を理解していただいたうえで、話を進めていきたい。

第2章

野菜作りの農家を訪ねて

宮楠仁之さん、園子さん夫妻は、園子さんの実家で野菜作りに取り組み始めて7年になる（左上）。紀の芽の会・蓬台雅吾さんなどに指導を受け、有機のノウハウを習得してきた。宮楠さんが手に持つ千両なすのほか、水なすも手がける。水なすは本場泉州地区のそれに劣らぬ味わいとの評価を得ている（右上）。宮楠夫妻を結びつけることになったハーブ類はレストランなどに出荷を伸ばしている（右下）。ハーブを使った園子さん手作りのサラダ（左下）。

消費者から和歌山の農家になった人

宮楠《みやぐす》仁之《ひとし》さん（和歌山県）

宮楠さんは34歳。東京農業大学を卒業し、千葉県のハーブ園に勤務。専業農家となったのは6年前から。畑は夫人である園子さんの実家の農地を使っている。

「生まれは浜松です。父はサラリーマンでした。親戚にも農業をやっていた人はいません。でも、子供の頃から野菜を育ててみたいと思ってましたねえ。それで大学は農学部に進んだのですが、高校卒業の時、担任に『農業をやりたい』と相談したら、そんな奴は珍しいと言われました」

つまり、宮楠さんは私たち消費者と同じ立場から農業に進んだ人である。だから、彼が現実の農業について感じたことをストレートに話してもらうことが、私たちには理解しやすいのではないか。

まず、野菜作りという仕事の中身について説明しよう。畑を耕し、種をまき、水や肥料をやって生長を見守る。その間、畑の雑草を抜き、害虫を駆除する。そして、収穫して出荷。単純に言えばそういうことだ。

そして、宮楠さんも野菜を作るとはそういった作業に従事することだと思っていたという。だが、実際は違った。手足を動かすことだけが仕事ではなかった。

「大学では畜産を専攻していたので、実際に畑に立ってみたら、まずは何をしたらいいのかがわからなかった。農産物はその土地によって違います。どんな作物を作るか、いつ種をまくか、収穫したらどこに売るのか……。農家の仕事の第一歩とは考えること、計画することだと思いました」

例えば米を作る農家ならば、すでにマニュアルはある。田んぼが広くとも、いくらでも対処する方法はあるのだ。ところが特栽品を作る農家の場合はまだまだマニュアルができていない。試行錯誤して進んでいくしかない。

「私がどうにか農家としてやっているのは周囲に先輩たちがいたからです。農家っていうのは孤立していてはできません。化学肥料や農薬を使う農業の場合はマニュアルができているから、それにそってやればいいのですが、無農薬栽培は土壌やその年の天候によって種をまく時期も作る野菜の種類も変えなくてはいけません。ひとりではできないということを学びました」

宮楠さんは初めから無農薬栽培で野菜を作った。そのため最初の年には害虫が発生し、小松菜やなすに大きな被害が出た。そして、やっと収穫しても、まわりの農家が作った野菜に比べて見劣りがし、がっくりしたという。

「ほんと。初めの頃は出荷するのが恥ずかしいような野菜でした。それでも何年もやっているうちに、だんだんいいものができてくるようになりました。農業というのはやはり経験なんですね。そして、大切なのは土作りでしょう。今年、いい野菜を作るためでなく、来年も再来年もいい野菜を作るためには土にたい肥を混ぜ込んだり、土壌検査をしたり……。農業は短距離走じゃありません。将来を見つめてやる仕事だと思います」

最後に宮楠さんに、現在の収入を尋ねてみたら、ハーブ園に勤めていた頃よりも少ないという。彼は少しでも収入を補うために地元和歌山や大阪のフレンチやイタリアンレストランにバジリコ、イタリアンパセリなどのハーブや西洋野菜類を直販している。こうした売り先への営業というのも、特栽品野菜を作っている農家には必要なことなのだろう。

栽培しているもの

なす、水なす、ズッキーニ、小松菜などの葉菜、イタリアンパセリ、ルッコラなどのハーブ類

耕地

約70アール

篤農家とは何か

福広《ふくひろ》博敏《ひろとし》さん（三重県）

47歳になる福広さんは大学を出てから10年間、サラリーマンをやった。ただ、彼の場合、実家が農家だったので農業についてはまったくの素人ではなかった。彼は農業に転じる時、「将来のことを考えて」、低農薬、低化学肥料から取り組んだ。成果は上がっている。彼が栽培したトマトはおいしいと評判である。今は無農薬で栽培しており、有機野菜の認証を取っている。手に入れるには自然食品宅配便の「らでぃっしゅぼーや」に頼まなくてはならない。

トマトのように甘味のある果菜類は人間だけでなく、虫も好きだ。だから、トマトを無農薬で作るには技術がいる。

「農家は勉強しないと駄目です。土壌も気候も同じ条件ではないので、他の場所で成功した栽培例が私のところでも成功するとは限らない。他の農家がやったことをそのまま取り入れるのではなく、工夫しなくてはならない。それには本を読む、よその畑を見学する、自分の畑でテストするという作業が必要になってくる」

彼が行っている試みはいろいろある。例えば害虫を防ぐには、その天敵となる蜂を導入する。土壌の改良にはおがくずと牛糞を混ぜた有機肥料を入れる。少しでも雑草を生やさないために農地をマルチシートと呼ばれる黒いシートで覆い、作物だけに日光があたるようにする。また、トマトが実をつけるために、一般の農家はホルモン剤を散布して受粉の代用とするが、福広さんはマルハナバチと

栽培しているもの

トマト、春菊、ほうれん草、小松菜、水菜、モロヘイヤ、レタス、大根、いんげん、きゅうり、かぼちゃなど

耕地

約60〜70アール

福広博敏さんは有機野菜の認証を得ている生産者だ。代々の専業農家で、有機農法なのに畑には雑草がまったく生えていない。
完璧な仕事ぶりに脱帽！ 奥様手作りのほうれん草の胡麻和え（左）。冬越えのほうれん草は弾力に富み甘味が溢れていた（右）。

サラダ菜と小松菜（上）。名張地方でとれるマナ、別名タネ菜（右）と油揚げを炊いたものも福広家の食卓によく上る（下）。年間20品目ほど手がける。夏に出荷する福広さんのトマトを楽しみにしている人は多いという。

いう蜂を飼い、その蜂を使って自然に受粉させる……。ひとくちに無農薬栽培というけれども、それは農薬を使わないだけではない。土壌改良、受粉といった農業の各過程にわたって、化学肥料やホルモン剤などを排除しなくてはならない。大変に手間のかかる仕事をしなくてはならないのだ。

私が福広さんと会って、何よりも感心したのは畑がきれいなことである。土のうえにはゴミひとつ落ちていないし、雑草が一本も生えていない。

「怠慢な農家の畑には野菜も雑草も一緒に生えています。普通の農家の畑には雑草がちょぼちょぼ生えている。しかし、篤農家は畑に雑草が生えないような管理をしているのです。よそから雑草の種が飛んできても育つ前に抜いてしまえばいい。5年の間、丁寧に雑草を抜けば畑はきれいになります。それは私が勉強して学んだことではありません。昔からの農家の知恵です。農家を見るには畑を見ればいい。畑は農家の通信簿みたいなものです」

ゆっくりとしゃべる福広さんは決して朝から晩まで血相を変えて草を抜いているわけではない。

「時間の使い方が肝心」なのだそうだ。そんな福広さんの作ったトマトはさすがに見事な味だった。

新商品を開発するのも農家の仕事

村山《むらやま》敏明《としあき》さん（福島県）

村山さんもまた素人から農業を始めた人だ。しかも彼が畑を持っている福島県いわき市は出身地でもないし、奥さんの実家があるわけでもない。アウトドアが趣味だった村山さんはコンピュータのシステム設計からペンション経営を経て、14年前に農業を始めた。

「野菜作りを始める時に、まずやったことは地元のお年寄りと親しくなること。その人たちに野菜の栽培の仕方などを根掘り葉掘り聞いたんです。例えば、どこの地方に行っても『種まき桜』というのがあるはず。その桜が咲いた頃には、この作物の種をまけばいい、なんてことは農業の本には絶対に書いていな

イタリア料理が好きだという村山さん。福島・いわき地方の農家では手がけていなかったズッキーニ、料理用トマト「にたきこま」作りにも取り組んで、新しい需要層を開拓してきた。畑から摘んできた菜の花、葉たまねぎ、それに秋口にピューレにしておいた料理用トマト（写真左）を使って、菜の花のスパゲッティ（次ページ）をつくってくれた。養鶏、そして冬場はパンづくりとマルチに活動する生産者。

栽培しているもの

ズッキーニ、料理用トマト、ほうれん草、小松菜、菜の花、いんげんなど

耕地

約50アール

い。作物は土地によって違うから一般論が通用しないのです」

村山さんはお年寄りや地元の人と親しくして土地になじんでいった。そんな彼が地元に対して多少でも貢献したのが、それまでその土地にはなかった新しい野菜を栽培し、根づかせたことだろう。

「ズッキーニはこの辺では作っていなかったんです。それはここで昔から農業をやっていた人がズッキーニという野菜を知らなかったから。しかしかぼちゃは育てていたし、おいしいものができていた。僕はかぼちゃができるのだからズッキーニもできるのでは、と思ったのです。まずは自家用のズッキーニを作り、地元の人に食べてもらいました。なおかつ高く売れることも伝えました。そうしているうちにズッキーニを栽培する農家が増え、今ではこの辺の特産になったのです。野菜は自分ひとりが独占して作っているだけでは駄目です。何軒もの農家が協力して同じものを作っていないと、数が揃わないから市場に出せないのです」

村山さんは同じように料理用トマト、イタリアのサンマルツァーノ種に似た「にたきこま」も導入して、成功させつつある。彼が育てた自慢のズッキーニと料理用トマトからのソースで作った一皿は都市のイタリアンレストランで出すものより、はるかにおいしい。

木内克則さんが属する千葉・和郷園が運営するハウスでは年間を通してサンチュが生産されている。ハウスの水の管理、サンチュの採取からパッケージまですべてがシステマチックになされている（上、下右）。サンチュといえば、焼き肉を包む野菜としての消費が一番多いが、木内さん宅ではサンチュとツナを海苔巻きにして食べたりする。奥はサンチュと水菜のサラダ（下左）。

「三ちゃん農業」のイメージは昔のもの

木内《きうち》克則《かつのり》さん（千葉県）

栽培しているもの
ごぼう、にんじん、大和芋、さつまいも、ほうれん草、サンチュなど

耕地
約12ヘクタール
施設（ハウス）
4700坪

木内さんは千葉県の農事組合法人「和郷《わごう》園《えん》」の部会長である。実家は農家で、彼自身はサラリーマンを経て農業を始めた。彼が属している農事組合法人とはいわば農業における株式会社のようなもので、生産者が出資し、事務所、冷蔵冷凍施設、野菜のパック詰めを行う施設などを整え、グループで流通業者や消費者に対応する組織だ。また、和郷園はそうした農作業の効率化を図るだけのグループではなく、有機肥料や栽培技術の研究なども行っている。現在、和郷園に所属しているの

木内さんのところでは、冬場は根菜類のにんじん、ごぼうなどの生産がメインになる（右）。それを天ぷらにして食べるのだが、たくさん揚げるため数日では食べきれず、木内家では手前の皿のように醤油と砂糖で煮込んでも食べる（左）。おふくろの味。

は51名である。

「もともとは大学を出た後、建設会社で現場監督をしていました。農業を始めて9年になります。うちの場合、家族だけでやっているわけではなく、農事組合法人として社員を雇用しているので、仕事と休みのめりはりははっきりしていると思います。月に7日の休日はありますし、朝は早いけれど、夜遅くまで働くということもない。

その代わり、雨の日でも出荷の準備、農業技術の研修など、さまざまな仕事があります。まあ、会社勤めと変わらないと言えば変わらないのですが、天気のいい日に外で仕事をするのは楽しいもんです。会社時代よりもストレスは少ないですねえ」

木内さんの仕事場は畑だけではない。パソコンなど事務機器の揃ったオフィスが畑の一角にあり、社員はタイムカードを押してから仕事を始める。近代的な雰囲気である。

この取材をするまで私の頭にあった、農家のイメージと言えば「三ちゃん農業」であり、日照りや水害、虫害に悩む「お百姓さん」の姿であった。しかし、今や、日本の農業シーンは変わりつつある。木内さんのような農業従事者が増えているのだ。毎日、土と過ごすのは変わっていないが、作業はシステマチックになっているのである。都市に住む私たちとほとんど変わらない生活と言ってもいい。農業というのはそれほど特殊な仕事ではない。やる気さえあればサラリーマンからでも転身できる仕事なのである。

「そうですよ。農業技術や農作業は教わればできます。大切なのはやる気と研究心。現代の農業とは単調な仕事のくり返しではありません。毎年毎年、新しいことにチャレンジしなくては利益が上がらない仕事になっているのです」

帰りに木内さんの実家に寄ったところ、食卓にはさまざまな野菜料理がのっていた。私の目を奪った一皿は、採りたてのごぼう、にんじん、さつまいもの天ぷらである。

「忙しくなると、料理の準備が大変でしょう。うちでは昔から野菜の天ぷらを三日分くらい、作っておくんです。一日目と二日目はそのまま食べるのですが、三日目は甘辛く煮て食べる。ちょうど天丼の上にのっかっている天ぷらみたいに煮るんです。

子供の頃は甘辛く煮たのが好きでね。揚げたての天ぷらよりも三日目の天ぷらの方がずっと好きでした」

ごぼうの天ぷらは甘辛く煮た後でも土の香りが残っていた。畑のすぐそばでなければ決して食べられない野菜料理だった。素材が新鮮だから、単純な料理法の方が合うのだろう。私は素朴な野菜の天ぷらを食べながら考えた。農業技術や生活の進歩はいいことだ。しかし、野菜料理だけは昔からのレシピをちゃんと残してほしい、と。

第3章

野菜を愛するシェフ《料理人》たちの思い

レシピを教えてくれたシェフたちは、それぞれに野菜への思い入れがある。
その思いばかりでなく、人生の歩みまでをも
作家の野地秩嘉さんは丁寧に取材した。そして、わかったこと。
野菜を知り、野菜を好きになることから、おいしい料理づくりは始まるのだ、と。

トマト

「修業先のイタリアで知ったトマトの奥深さ

——萩原雅彦さん（カメレオン）」

　イタリアを筆頭にフランス、スイス、アメリカ、カナダ、アルゼンチンといった国々で消費される野菜のトップはトマトである。対して日本でのトマトの消費は6位（『日本の野菜』大久保増太郎著　中公新書より）。この差はいったい何なのか。それは両者の食べ方の違いにある。考えてみれば日本人がトマトを食べるときといえば、料理の付け合わせかサラダであり、生のまま食べるのがほとんどだ。しかし、ヨーロッパではそうではない。生で食べるよりもむしろトマトソースにしたり、あるいは魚介や肉を煮込むときに味を調えるために使用していることが多い。つまり、トマトは野菜というよりもソースの素といった使われ方をしている。

　このことからわかるように、トマト料理の大半は生で食べるか、もしくはトマトソースを使ったものになってしまう。

　しかし、今回はそれでは面白くない。それ以外の料理も考え出してもらわなくては……。それには「料理の引き出し」が多いシェフでないと……。

　うん、そうだ。思いついたのは東京・東麻布のイタリア料理店「カメレオン」の萩原雅彦シェフである。カメレオンでは12皿からなるコース料理を出し、しかもすべてのメニューをひと月ごとに替える。シェフの頭の中に数多くのレシピがなければ続けていけないレストランなのだ。

「そうですね。私はイタリアに料理の修業で行っていましたが、確かに彼らはトマトを調味料の一種みたいに使っている。生で食べるとしても、せいぜいモッツァレラと組み合わせたり、火を入れた鰯と合わせたり……。かえってトルコ料理のほうがトマトを使いこなしているかもしれません。トマトをくりぬいて中に米を詰めたり、あるいは肉を詰めたりしますから」

　プライベートではトルコ料理を愛する萩原

シェフらしい感想といえる。

＊

　1965年生まれの彼は料理学校を卒業した後、神宮前の「ヴィ・ザ・ヴィ」に入る。その後、ホテル西洋銀座の「アトーレ」、和光が経営していた「サーラ・アルペジオ」を経て、90年にイタリアに渡る。ミラノの「マルケージ」、ピサ近郊のアメーリアにある「アンジェロ・パラクッキ」という新イタリア料理の先駆けともなった2店で修業。93年に帰国してからは青山の「エル・トゥーラ」料理長となり、2001年、オーナーシェフとして「カメレオン」を開いた。前述のように料理構成の斬新さと独創的なメニューで斯界の注目を集めている。

　子供時代の食卓に始まり、現在に至るまで萩原氏のトマト体験は多いが、なんといってもショックを受けたのはマルケージ氏の得意料理であるフルーツトマトのテリーヌを見たときだ。

「日本風の白いお茶碗に入ってるんです。バジルのピューレがのせてある。上から見ると緑色です。でも、スプーンでひとさじすくうと真っ赤なトマトが出てくる。色の対照が鮮やかだし、口に入れると野菜とは思えないほど濃厚な味をしている。マルケージさんは日本が大好きだから、きっと日本の茶碗蒸しからインスパイアされたものだろうけれど、あの一皿を見たとき、ある種の驚きとつくった人のいたずら心を感じました。コースの中に一皿でもそんな料理が出てきたら、誰だって、にやっとしますよ」

　萩原氏がつくる料理にも驚きやいたずらが隠されているが、その原点は一皿のトマト料理だったのだ。そして、彼はほかにも「マルケージ」でさまざまなことを学んだ。トマトの使い方ひとつにしても、師匠だけではなく一緒に働いていた仲間からも教わった。

「『マルケージ』には世界各国から料理人が修業に来ていました。仕事が終わった後は寮に戻って、ワインを飲みながら話をするんです。家族のことや恋人の話も出たけど料理や食材について話すことが多かった。いい店で修業するのは大切です。志のある料理人と親しくなれますから。彼らと働くことが自分を鍛えてくれました。そうそう、夜中から明け方まで仲間たちで郷土料理やおふくろの手料理について話をするんです。うちの村ではこうやってトマトを食べる……、なんて話をね。

　おいしそうだなと思ったのは青いトマトの料理。イタリア南部ではよく食べるそうなんですが、シャキシャキする青いトマトと玉ねぎをじっくり炒めて、アンチョビで味をつける。そしてペースト状になったものをパンになすりつけて食べる。ほかにも青いトマトのコンポートとか……。日本でも青いトマトが簡単に手に入るようになったら、うちの店で出してみたいと思ってます」

　さて、ここで萩原氏から実用的なアドバイスをもらおう。彼が教えてくれたのは誰もが簡単にできるスパゲッティ・ポモドーロのつくり方である。

「トマトの中1個に対してオリーブオイルは大さじ1。にんにくのみじん切りと乱切りにしたトマトをオリーブオイルで炒めます。次にとバジルをほんの少し入れる。トマトが煮くずれたら、塩、胡椒で味を調え、それで出来上がり。誰でもつくれます。

　ポイントはふたつ。トマトは酸味の強いものを選ぶこと。それと、トマトの水気をきちんと取る。トマトは切った後、キッチンペーパーにのせて水気を吸わせてください。パスタもゆでた後、水気をきる。このふたつを守るだけでプロっぽい味のパスタになります。素人がつくったパスタは水っぽいから味がぼんやりしてしまう」

　萩原氏は日本でもイタリアでも、またその他の国でもさまざまなトマト料理を食べてきた。そんな彼にとって忘れられないトマトの味がある。

＊

「『アンジェロ・パラクッキ』で働いていたときに食べたトマトなんです。アメーリアというところは海に近い田舎で市場も食料品店もない。食材はみんなで町の市場までトラックに乗って買い出しに行くんです。そして、買ってきた野菜はすべて冷たい水を張ったバケツの中に投げ込む。きゅうりでもズッキーニでも、なんでも。するとほとんどの野菜は水にぷかぷか浮くのですが、4～5個にひとつの割合で水に沈むトマトがあるんです。きっと身がぎっしりと詰まっているものなんでしょうね。パラクッキさんは『水に沈むトマトが旨いんだ』とそれはお客に出さないで、そのまま生でかじるんです。僕にもひとつ放り投げてくれて……。

そうそう、その水に沈むやつを乱切りにして、生きたままの海老、チポロッティという小玉ねぎを合わせると、これまた旨いんだ。味つけは赤ワインビネガーとオリーブオイルだけ。でも、あれもお客さんには出さなかった。料理人のつまみ食いですよ」

萩原氏はうっとりとした表情になって話を終えた。アメーリアの明るい光線の中で、冷たいトマトをがぶりとかじったことのある萩原氏は幸せな料理人だと思う。

＊

⬇トマトのレシピ　P11〜15

レタス

高原野菜や山菜の宝庫・軽井沢で目覚めたこと

——田村良雄さん（エルミタージュ・ドゥ・タムラ）

レタスの和名は萵苣《ちしゃ》。キク科の植物であり、日本には奈良時代に中国から伝わった。萵苣は江戸時代には、なますや煮物として愛好されていたというから、日本人にはなじみのある野菜といえる。戦後、アメリカ軍が進駐してきてから、西洋種のレタスがサラダ用に栽培されるようになり、今ではレタスといえば生で食べる野菜と思われている。しかし、レタスを愛するひとりのシェフに話を聞いてみると、「加熱して食べても十分においしい」ことが納得できる。

軽井沢にあるフランス料理店、「エルミタージュ・ドゥ・タムラ」の近所には、レタスやキャベツといった高原野菜の畑がたくさんある。それだけではない。トマト、きゅうり、とうもろこしなどにも事欠かないし、山菜、木の実、きのこといった山の産物にも恵まれている。オーナーの田村良雄シェフが野菜に詳しくなるのも当たり前だ。彼こそ、まさしく野菜を愛するシェフといえよう。

「うちの店では一皿ごとにたくさんの野菜をつけることにしています。とにかくたっぷりと野菜を召し上がってほしいのです。何といってもこれからは野菜の時代ですから。さて、レタスですが、熱を加えて調理してもおいしい野菜なんです。レタスのおいしさはシャキシャキした食感にあります。その食感は熱を加えても消えません。ほら、レタスチャーハンなんて、かなり加熱されているものだけれど、シャキシャキ感は消えていないでしょう。強火でさっと炒めてやればレタスの食感はちゃんと残ります。それにレタスはキャベツと違って炒めた後もそれほど水が出ません。気をつけるのは炒めすぎだけ。鍋を熱して油を入れたら、ちぎったレタスを放り込んで、さっと炒めてすぐ皿に取ればいい」

＊

1953年、田村氏は群馬県沼田市の郊外に生まれた。実家は農家。米をつくり、蚕を育て、畑で野菜をつくっていた。子供の頃のおやつといえば、家の畑でとれた新鮮なきゅうりに自家製の味噌をつけてかじることだったという。地元の中学を卒業した後は東京の工業高校へ。卒業後は東京電力横浜火力発電所に勤務する。しかし、数年後、彼は脱サラして料理人となる。今も飯倉にある会員制のクラブ「アメリカンクラブ」に勤めたのだ。

「料理も好きでしたが、一生、大企業のサラリーマンでいることに疑問を感じていました。そして、自分の手で何かをつくり出す仕事がしたかった。それで『アメリカンクラブ』に就職したんです。そこのお客の大半はアメリカ人。ボリュームのあるハンバーガーや山盛りのレタスサラダなどをつくっていました。レタスについての思い出といえば、アメリカ人が好きな野菜だなと感じたこと。そうそう、もうひとつ、彼らはなぜかきゅうりと鶏の皮が大嫌いでしたね。その後、私はフランスに留学するのですが、フレンチのレストランではそれほどレタスは使いません。どちらかと

いえばビストロやブラッスリーのメニューです」

フランス留学から戻った田村氏は麹町にあったフェアモントホテル総料理長、文京区西片のレストラン「ル・リス・ダン・ラ・バレ」シェフを経て独立し、西麻布「ラ・フェドール」のオーナーシェフとなる。「ラ・フェドール」は人気店で週末の予約を入れるのが大変なほどだった。仕事を終えて新宿の自宅に戻るのが毎晩、深夜の1時、2時……。

「料理のことをゆっくり考えるという時間もなかった。このままじゃいけないと思いながら、7年間が過ぎたというのが今の実感です。軽井沢に移って来たのは、とにかく自然の中でゆったりと仕事がしたかったから。東京にいるといつの間にか早口でしゃべるようになるし、早足で歩くようになってしまう。ストレスが蓄積していました。それがここに来てみたら、まったくストレスがなくなった。友人たちは東京にいたときと顔つきが変わったと言います。それくらい、今はリラックスして仕事をしています」

＊

「熱を加えてレタスを食べる方法ですが、炒めるだけではありません。外側の緑が濃い葉は蒸して、海老やサーモンを巻くといい。今回は巻いたものとスープに仕立ててみました。そして、レタスの選び方ですが、巻きが良いものに限ります。フレッシュかどうかは外側の葉と芯の切り口を見る。外側の葉がしなびていたり、芯の切り口が黒ずんでいるものは避けましょう」

調理したレタスを食べることは栄養学的にも正しいようだ。レタスに含まれるビタミンCは熱を加えると2割程度減少する。しかし、炒めると生のレタスよりも大量に摂取することができるので、ビタミンCの吸収量はむしろ増える。またビタミンAやカルシウムは加熱したほうが吸収しやすくなる栄養素なのだ。

さて、ここまでは加熱してレタスを食べることを中心に説明してきたが、もちろんサラダをつくる場合のコツもある。

「レタスに限らずサラダをつくるときは、まず水気をよくきってください。水分が残っていると葉っぱに味がのらないので、どうしても油や塩を余分に使ってしまう。カロリーが多く、味の濃いサラダになってしまうのです。水気を十分にきれれば少量の調味料でサラダがつくれます。一般の主婦がつくるサラダを見てると、洗った後の水切りが不十分だと思います。

そしてシンプルなサラダの場合、ドレッシングは、最初から混ぜておくよりも、調味料をひとつずつ使ったほうがいい。初めは塩、次に胡椒をふって、一度、この状態でレタスに味をのせてやります。それからビネガーと油を少量加える。この順番だけは守ってください。そして何よりも大切なのは盛りつけ。皿の上にばさっと置くのでなく、丁寧に積み上げるようにひとつひとつ並べてください。こんもりと盛るとおいしそうに見えますよ」

田村氏の仕事ぶりは素早い。しかし、レタスの葉を盛りつけるときだけは実に慎重だ。そして、並べ方に満足がいかなかったら、新しい皿に替えて、最初からやり直す。サラダに使う皿は必ず冷やしたものを使う。その姿を見ていると、おいしいものをつくるには細心の注意が欠かせないことがわかる。

「エルミタージュ・ドゥ・タムラ」のラストオーダーは夜の8時。彼は9時には仕事を終え、庭に面したテラスの席に座り、ワインを飲む。夫婦ふたりで話をしながら、漆黒の森を見つめ、夜空の星を眺める。軽井沢の贅沢を味わっているのは客よりも彼らふたりかもしれない。

「あっ、あそこ。ほら、リスがいるんですよ。朝早く起きたら、テラスでコーヒーを飲むのですが、そのときにはタヌキ、キツネ、モモンガ、赤ゲラも姿を現します。時にはキジバトも来ます。タヌキを捕ろうとは思わないけれど、いつかキジバトは捕って料理してみたい」

「あなた、可哀想だからやめて。せっかくうちのそばにやって来るようになったのだから」

「そう。でも、あれはおいしいんだけれどな」

ふたりのゆったりとした会話を聞いているとこちらまで気持ちがなごんでくる。まるで新婚の夫婦を見ているようだ。

そういえばレタスに塩をふりかけただけのサラダを「ハネムーン・サラダ」と呼ぶのを知っていますか？「レタスだけ」を英語に

すると、lettuce only。「ふたりだけにして」という意味のlet us onlyと発音が同じことから新婚夫婦向きのサラダといわれている（『野菜の常識・非常識』農学博士・相馬暁著より）。

今回、私は田村シェフにレタスだけのサラダをオーダーしたけれど、次の機会にはぜひ田村夫人にもハネムーン・サラダをつくっていただきたい。それをとても楽しみにしている。

＊

⬇レタスのレシピ　P17〜21

アスパラガス

「おいしくなれ、おいしくなれと料理に気持ちをこめて」

――七條清孝さん（レストラン七條）

ユリ科の宿根性植物であるアスパラガスは南ヨーロッパからロシア南部が原産といわれている。はるか昔、ヨーロッパの人々は野生のアスパラガスを利尿剤、鎮静剤として、つまり薬と考えて使っていた。しかし、攻め入ってきたローマ人が「これは食べたほうが旨いよ」と教えてから、食用となったのである。そのときのアスパラガスとはグリーンのそれであり、土かけによって日光をさえぎってつくるホワイトアスパラガスは、ずっと後になってから栽培されたものだ。

そんなアスパラガスを見事に調理し、メニューに仕上げている料理人がいる。名前は七條清孝氏。地下鉄神保町駅に直結している洋食屋「レストラン七條《しちじょう》」のシェフである。指導をお願いするために食事に出かけたのだが、彼がつくる料理はどれも工夫がされている。なかでもおいしかったのがアスパラガスにあさりソースをかけたもの。菜の花が添えてあり、春を感じさせた。よし、この人ならおいしいアスパラガス料理を考え出してくれるだろう……。私は安心した。

「生のホワイトアスパラって本当においしいものですよねえ。私は四谷の『北島亭』で修業したのですが、北島（素幸）シェフがつくった、太いホワイトアスパラにはまぐりのソースをかけたものを食べたときはほんとに素晴らしいと感心しました。うちの店で出すあさりソースはそれを応用したものです。もうひとつ、北島シェフが得意としていたのがホワイトアスパラに粉をつけてモリーユ（あみがさ茸）と一緒にバターで焼いたもの。穂先のほのかな香りと焦げたバターの風味がよく合うんです。アスパラガスという野菜はバターや卵に合いますね。飲み物ではワインもいいけれど、私はベルギー産の白ビールが、一番合うと思ってます」

そう語る七條シェフは明治大学を出てから料理修業をした。新宿のレストランで1年間だけ料理を習い、以後は実家である洋食店「レストラン七條」の調理場に立つ。シェフになったばかりの頃、彼は毎日、コロッケやメンチカツをつくり、それはそれなりに客には人気のあるメニューとなっていた。しかし、本人は自分の料理に納得できなかったという。

「当時、私は独学で料理をつくってました。決してまずいものではありませんでしたが、しかし、何か違うぞとも感じていたのです。自分の料理はどこか素人っぽい、まだまだおいしいものがつくれるはずだと思えたのです」

＊

「レストラン七條」は場所に恵まれている。神保町駅とつながっているから、店の前は大勢の人々が行き交う通路のような状態。雨の日のランチタイムには、ビルから外に出たくない客が長い行列をつくる……。だから、料理の技術をレベルアップしなくても客には困らないのだ。しかし、七條氏はそれでは嫌だった。もっともっとおいしい料理をつくりたいと思ったのだ。

「お客さんは来てくれていました。しかし、どこかで修業をやり直さなきゃいけない、一

流の店に押しかけて弟子にしてもらうしかないと思いつめていたのです。ただし、店の営業を続けながらでないと修業はできません。土曜だけの修業を許してくれる店はないものか、それで頭を悩ませました」

ともかく彼は当たって砕けることにした。そして以前からおいしいと感じていた四谷の「北島亭」へ。

「まずディナーを食べました。そして、シェフの手が空いたのを見て、勇気を奮って話しかけたんです。なんとか土曜日だけ料理を教えていただけませんか、と。北島シェフは少し考えた後に答えてくれました。『わかった』……。私はそれから3年の間、毎週土曜日になると早朝の買い出しからシェフに同行し、あとは店の中で仕込みを手伝い、営業中はずーっと皿洗いをしてました。ええ、3年間、一度も料理はつくってません。ただただ皿を洗っていました」

そんな七條氏の姿を北島シェフはちゃんと見ていた。調理が済んだ後のフライパンを見せ、ソースの残りをなめさせたり、あるいはひとりごとを呟くようにして七條氏にレシピを伝えた。そして、七條氏は土曜日に覚えた料理を翌日曜日には自分の店の厨房で再現してみることにした。つまり、3年の間、彼は月曜から金曜までは自分の店で仕事をし、土曜日は修業、日曜日は料理を独習したのである。

「もちろんお金なんていただいてません。ただ、仕事が済むとマダムがワインを一本開けてくれるんです。『七條さん、ご苦労様でした』。あのワインがおいしかったなあ。ほんとに楽しい3年間でした。『北島亭』で忘れられないことがひとつあります。北島シェフはチキンをローストするときも、魚のムニエルをつくるときも、バターやソースをかけながら、おいしくなれ、おいしくなれと呟くんです。そして、『七條さん、こうやるとほんとにおいしくなるんだ』と言うのです。教わった最大のことは、シェフのあの姿です」

さて、彼がつくったアスパラガス料理は3品だが、素材の選び方と調理のポイントは次のとおり。

「ホワイトアスパラはとにかく太いのを選んでください。太ければ太いほど甘味があっておいしい。グリーンも太いほうがいいでしょう。どちらもハカマと根元部分の表皮は硬いからむいてください。アスパラガス料理で大切なことはゆで加減でしょうねえ。バターで焼いたり、フライにするときはやや硬めにゆでて、そのままマヨネーズで食べるときは柔らかめ。ゆでるときに塩は多めに入れてください。パラパラとふり入れるくらいじゃ少ない。塩を入れた湯を飲んでみておいしいと思う程度より、ややしょっぱめにすること」

彼が北島シェフから学んだことはたくさんあるが、なかでも肝に銘じているのは、「自分に嘘をつくな」ということだ。

「料理に失敗はつきものです。そのときに、材料や時間のせいにしてはいけない。失敗して料理を焦げつかせちゃったりしたときは、どうしてこうなったのかを自分自身に問いかけなくてはならない。北島シェフは『失敗した後に、どう対応したかで料理人の腕は決まる』と言っていました。自分に嘘をついたり、自分に言い訳をしていたら、いつまでたっても仕事はうまくなりません。そして、大切なのは一生懸命につくること。家庭でも、おいしくなれ、おいしくなれと気持ちをこめてアスパラガス料理をつくってみてください。そして、出来上がったら、『これは私が自信をもってつくったのよ。さあ、どうぞ』って出してみてください。確実に味は違ってきますから」

＊

⬇アスパラガスのレシピ P23〜27

ブロッコリー

野菜を好きなだけ、自由に食べてもらいたい

―― 鈴木弥平さん（ピアット スズキ）

麻布十番の「ピアット スズキ」は2002年8月にできた。以来、店内はつねに大勢の客で賑わっている。ブロッコリー料理を教えてくれたのは「ピアット スズキ」のオーナーシェフ、鈴木弥平氏である。

「では、まずパスタをつくりましょう」と鈴木シェフは生のブロッコリーを手に取ると、そのまま表面の花蕾《からい》の部分を削りだした。厚さは1㎝弱くらい。彼はブロッコリーの一番おいしい部分だけを使うのだろうか。茎は捨ててしまうのだろうか。そして、下ゆでもしないのだろうか……。私が「もったいない」とうめくように呟いたのが聞こえたのだろうか、鈴木シェフは微笑した。

「はは、まあ、見ていてください。それに茎はちゃんと使いますよ」

彼は花蕾と小さく切った茎を熱したフライパンに入れ、オリーブオイルを多めにふりかけた。オリーブオイルで表面に膜をつくってやるためだ。そうすればブロッコリーの鮮やかな緑色は変わらないのだという。以下、このパスタのつくり方はレシピを読んでいただきたいが、出来上がりを食べたら、ブロッコリーのえぐみと甘味がしっかりと残っていた。下ゆでしたブロッコリーの味とは違う、野性的な味のパスタだった。ブロッコリーといえばゆでてから料理するものと思い込んでいた私は、目の前がさーっと開けた気がした。同時にブロッコリーの花蕾だけをこそげ落とすのは、相当な快感をともなう作業ではないかと想像した。

鈴木シェフは解説してくれた。

「ブロッコリーは下ゆでしなくとも使えます。そのためには小さく切って、オリーブオイルで表面に膜をつくってください。大切なのは緑色を残すことです。イタリアではブロッコリーをくたくたになるまで煮るから、鮮やかな緑色がとんでしまいます。しかし、口に入れるとちゃんとブロッコリーの味がする。ところが日本産のブロッコリーは火を入れすぎると、色はよくないし、味も水っぽくなってしまう。それに日本人は野菜の色を大切にします。ブロッコリーでも、あの緑色をおいしいと思って食べている。だから料理するときは火を入れすぎないのが肝心でしょう」

ブロッコリーは、アブラナ科の野菜でキャベツの変種である。冒頭に述べたように私たちが食用としている部分は主に花の蕾である。日本にはカリフラワーと一緒に、明治時代の終わりに伝えられたのだが、家庭の食卓に定着したと言えるのは1980年以降のことで、今や大人にも子供にも人気のある野菜となっている。ブロッコリーの特長は何よりも調理に手間がかからないこと。ゆでてマヨネーズをつけるだけで一品となる簡便さが、忙しい時代の主婦にウケたのだ。さらには色の鮮やかさ、そして栄養に富むことも人気の一因だろう。栄養面では特に多いのがカロチンとビタミンC。どちらも免疫力をアップさせるものであり、風邪の予防にもなる。

＊

では、料理人の話に移る。鈴木シェフは1967年、茨城県生まれ。地元の高校を卒業した後、上京。神宮前のイタリア料理店「ラ・パタータ」に入店し、89年、「クチーナ・ヒラタ」に移る。両店ともに平田勝シェフがやっていた店であり、鈴木氏は料理界に入ってずっと平田氏の下で働いていたことになる。

「料理人になろうと思ったのは、平田に会ってからです。上京して平田に会ったとき、なんてカッコいい人なんだと感心しました。雰囲気がとても大人で、シェフとはこういう人のことなんだと感じました」

それから17年間、鈴木氏は平田シェフと一緒に仕事をしてきた。だから、どうしても料理に対する考え方、調理の仕方、そして動作や話し方まで似てしまった感がある。なか

でも、二人に共通しているのは掃除好きなところであり、それは、鈴木氏も常連客に言われて初めて気がついたという。私がブロッコリーについて話を聞いていたときも、彼の手は止まらなかった。始終、コンロのまわりを布でぬぐったり、キッチンのステンレスを磨いていた。

「うちの店は18席です。そのわりにはメニューが多いので、同じものを機械的につくるという仕事ではありません。ですから、一皿をつくり終えたら、一度、自分にけじめをつけて気持ちを切り替えなくてはならないのです。そのために鍋を洗い、キッチンの汚れを取りながら、次のメニューの出来上がりを頭の中でイメージする。そのうちにいつの間にか掃除好きになってしまった。平田もきっとそうだと思います。一日の終わりにはすべての鍋を磨いてから帰ります。鍋を磨きながら一日の仕事を思い返しています」

そんな彼が自分の店でやりたかったこととは「お客さんにたくさん野菜を食べてもらうこと」だった。これは彼自身の体験だが、あるイタリア料理店に行ったとき、付け合わせの野菜が少ないと感じ、二人前を注文した。すると「うちでは一人前しか出しません」と断られたのである。あくまで私の想像だが、値段の張る肉料理なら断られることはなかったかもしれない……。ともあれ彼は考えた。お客さんには野菜を好きなだけ、自由に食べてもらいたい、と。

「ピアット　スズキ」では突き出しから野菜が出てくる。オリーブの実と自家製のピクルス。ピクルスは充実している。カリフラワー、大根、にんじん、みょうが、生姜など。メニューにも野菜料理という欄が設けてある。

たとえば〝ゆで野菜　乾燥トマト風味〟を頼むと、ブロッコリー、カリフラワー、アスパラガス、にんじん、大根、かぶ、いんげん……と何種類もの野菜がたっぷりと出てくる。ピクルスとゆで野菜に、これまたおいしい自家製のパンやグリッシーニ（細長い棒状の乾パン）をつまんだら、それでお腹一杯になってしまうほどだ。

「イタリア人はレストランでサラミの盛り合わせを頼むことが多い。それは家庭だと何種類ものサラミやソーセージを保持しておくことができないからです。だから外食のときにさまざまなサラミを楽しむ。私が幾種類ものゆで野菜を出すのは、一人暮らしや夫婦二人暮らしの人に、何種類もの野菜を食べてほしいからなんです」

野菜をゆでるときのコツはブロッコリーのような塩をよく吸う野菜とかぶ、大根のようにあまり塩を吸わない野菜を分け、それぞれ塩加減を調節することにある。どの野菜も同じ塩加減でゆでると塩味にばらつきができてしまうのだ。

「ブロッコリーを下ゆでするときは、パスタをゆでるときと同じくらいの塩加減の熱湯で1～2分間。取り出したら一度、氷水に放って色を止める。これが基本です。その後、煮たり焼いたりします。そのまま食べるなら3分もゆでればいいでしょう。茎は甘いから、捨てずに皮をむいて使ってください。厳密に言えば、ゆでる時間も変えたほうがいい。茎は花蕾の倍くらいでしょうか」

＊

「ブロッコリーは塩味、酸味と合います。メニューを考えるときは塩味の強い素材と酸味のある素材を組み合わせればいい。塩味はベーコン、生ハム、アンチョビ、チーズなど、酸味はドライトマト、酢漬けケッパー、バルサミコ酢、ワインビネガーなどです。その時々に応じて使い分ければ、温かいサラダにもなるし、パスタにもなります。ブロッコリー料理で気をつけることは、皮は丁寧にむく、緑色を残してゆでる、塩味と酸味のある素材と合わせる。この三つです」

キッチンの中で忙しく立ち働きながらも鈴木シェフは自分で予約の電話も取る。しかも、すごいことに一度でも来店した客の声と顔、名前はきちんと覚えている。だから、彼は常連からの電話を取ると、すぐに「いつもありがとうございます」と答えるし、客の電話番号を聞き返すこともない。彼はサービスマンとしても一流だと思う。

「私は19歳から4年間、サービスをやっていました。そのときにできるだけお客さまの声と顔を覚えようと訓練したんです。何度も来店しているのに、いちいち電話番号を聞かれたら、お客さまもいい気分はしないだろうなあと考えたんです。

そういえば働き始めて4カ月後に取材を受

けたことがありました。『ギャルソン』というサービスマンだけを読者対象にした雑誌でした。茨城から出てきたばかりの私にとっては大ニュースでしたよ。でも、そのとき、インタビューに答えた内容は今でも通用すると思う。『サービスの人間はシェフの代わりにおいしさを伝えるのが仕事。また、お客の好みやお客が思っていることを正しくシェフに伝えることも仕事……』。お客の立場になることは大切だと思います。その気持ちは料理人になってからも変わりません。たとえばブロッコリーのゆで方ですけれど、うちのおふくろみたいな年齢の人が見えたときは柔らかめにゆでます。いくら鮮やかな緑色をしていても年配の人が嚙むことができなければそれはおいしい料理とは言えないのですから」

　鈴木シェフの基本にあるのは自分のスタイルを押しつけることでなく、あくまでも、客にとっておいしい料理をつくることだ。

＊

➡ブロッコリーのレシピ　P29～33

にんじん

「味や栄養だけでなく、野菜の色が好きなんです」

――ささめ ゆみこさん（やさいや）

　渋谷に「やさいや」、青山に「南青山ささめ」と2軒の料理店を持つ、ささめゆみこさんは野菜の調理に詳しい。彼女はどの野菜も愛しているのだが、にんじんはとりわけ好きな野菜だという。

「はい。野菜、豆腐、こんにゃくといった精進料理の素材は全部好きです。でも、ベジタリアンというわけじゃありません。肉も魚も量は多くないけれどちゃんと食べますよ。にんじんや野菜のどこが好きかといえば、味や栄養だけでなく、私は色が好きなんです。西洋にんじんのオレンジ色、金時にんじんの赤、ピーマンの緑、黄色、赤、なすの紫、ごぼうや大根の色……。どれも生き生きとしていて美しい。見ているだけで食欲がわいてきます。また、豆腐の白の中ににんじんのピューレを入れたり……、まるで絵の具のような使い方ができる」

　もともとは美術の勉強をしていた、ささめさんらしい感想だ。しかし、彼女の話したことは大切である。野菜のもつ力のうち、栄養についてはよく言及されるが、実は色も重要な役割をもっているのだ。たとえば、想像してみてほしい。世の中の食べ物すべてが肉だとしたら、毎日、赤っぽい茶色の食べ物が目の前に並ぶことになる。どんな人でもたちまち飽きてしまうに違いない。野菜がもつ「色」は人間の食欲を呼び覚ますのだ。

　さて、ささめさんに料理を教わる前に、にんじんについての基礎知識を整理しておく。にんじんの原産地はアフガニスタンの高原。原種がヨーロッパを経て日本にやって来たのが、ずんぐりした西洋種のにんじん。赤く長い金時にんじんは中国を経由してきたものだ。10年ほど前からはミニキャロットという小さくて柔らかいにんじんがスーパーなどでよく見られるようになり、主に生で食べられている。もちろん、生で食べても悪いことはないのだが、にんじんに含まれている抗酸化物質のカロチンは生で食べるより、煮たり油で調理したほうがはるかに吸収がよくなる。ハンバーグの付け合わせに出てくるグラッセはバターと水でにんじんを煮たものだが、あれはカロチンの吸収をよく考えてある調理法といえる。また、金時にんじんの赤はカロチンではなく、トマトと同じリコピンである。しかし、これもまた抗酸化物質なので、体にいい。

　１９６３年、東京に生まれた、ささめさんは美術の勉強をした後、CM制作会社に入り、アシスタントディレクターに。

「その頃は包丁なんて握ったこともなく、冷蔵庫の中にあるのはアルコールだけ。ハードボイルドな生活でした」

　そんな彼女が料理に関心を持ったきっかけ

は半年間、フランスのコーディネート会社に派遣されたときのことになる。

＊

「フランス語もできなかったし、仕事もよくわからない……。せっかく派遣されたのに、私はぜんぜん使い物にならなかった。フランス人の社員も私をもてあまして、いろいろ意地悪されたんです。嫌だなあ、と思っていたとき、昼食当番をやらされました。その会社は毎日、外部の人を呼んで、みんなでランチをするのがしきたりだったんです。しかも料理するのは社員。前菜、メイン、デザートをつくり、ロゼのワインを抜くような、ちゃんとしたランチなんです。でも、十数人分をつくる予算はわずか4000円しかない。私は野菜中心のメニューにしたんです。野菜なら安いでしょう。料理にも慣れていなかったけれど、必死に頑張ったら、ユミコ、おいしかったよ、明日は何？　なんて言われるようになって……。私はあのとき、『食』に助けられたと思った。そして、料理はコミュニケーションだとも感じたんです」

帰国後、彼女は30歳で結婚する。ご主人は会社を経営するかたわら、小さなバーをいくつか持っている人だった。

「次の年のこと、従業員が辞めて、私が店に出なきゃいけなくなった。でも、スナックのママみたいな接客サービスは苦手だし……。でも、料理ならつくることができる。それで完全予約制のレストランに改装しました」

彼女は店を続けながら、月のうち10日間、京都に赴き、懐石と精進料理の修業に励んだ。そして8年前に開いたのが渋谷の「やさいや」。野菜、豆腐、こんにゃくを使った和風料理、そして鴨鍋が名物である。

「店を始めた頃は、私の料理は素人くさいのでは、と自信を失いそうになりましたが、おいしいよとひとこと言ってもらえば、それをエネルギーにして努力することができる。実は京都から和食の板前さんに来てもらった時期もあったのですが、中途半端なプロよりは一生懸命な素人のほうがおいしい料理をつくると思う。食べることが好きで、つねに料理への関心を失わない人なら、初めは素人でも必ず上達します」

彼女の店で働いている女性スタッフも初めは素人から出発した。店を訪れてみればわかるけれど、みんな熱心で、しかもにこにこと笑っている。調理技術の点では調理師学校を出た料理人に一歩譲るかもしれないが、接客まで含めると、みんなプロだと思う。また、ささめさんの仕事を見ていると、せん切りでも桂むきでも、素早く、流れるように切っているわけではない。だが、決して焦らずに丁寧に仕事をしている。

「そうそう、にんじん料理で大事なことは料理に合わせて火の通し方を変えることじゃないかしら。サラダや和え物の場合はしゃきしゃきした感じが必要ですから、さっとゆでて氷水で冷やす。煮物にするときは野菜の甘さを引き出したいので、弱火でコトコトと長時間煮ます。煮物の野菜に味が入るのは温度が下がっていくときです。火を止めてすぐに器に盛るのではなく、少しの間、そのままにしておいてください。それから、にんじんは葉っぱもおいしいんですよ。葉にんじんというのも高級スーパーへ行くと売ってますが、安くはありません。にんじんに付いている葉のうち、柔らかい部分を生姜と一緒に炒めたり……。とっても栄養があるんですよ」

ささめさんのキッチンで料理の撮影をしていたら、2歳半の娘、青《あお》ちゃんがお父さんと一緒に見学に現れた。が、しかし、すぐにお昼寝。

私は青ちゃんの寝顔に、呟いた。

「よかったね。料理の上手なお母さんで。きっと色彩に敏感で、栄養にも詳しい人になるんだろうね」と。すると、ささめさんが首を振りながら笑って言った。

「この子、肉が大好きなんです。うちではあまり肉料理をつくらないでしょう。レストランに行くと、『にくー、にくー』と大声で叫ぶの。『やさいや』の娘なのに、まったく恥ずかしくてたまりません」

なるほど。青ちゃんは肉好きだったのか。でも、いいじゃないですか。本人が好きなものならば。肉でも野菜でもなんでも食べさせてあげてください。たくさん食べて丈夫に育ってくれれば……。それで十分じゃないですか。

私は口には出さなかったが、そう思った。

＊

➡にんじんのレシピ　P35〜37

フランスで体得したじゃがいも料理は膨大な数

――和知 徹さん（マルディグラ）

じゃがいもの主成分は炭水化物と水。「太る」と思われがちの野菜だ。しかし、それは誤解。栄養価の割には低カロリーの野菜なのだ。栄養面で特筆すべきはビタミンCの豊富さだろう。中1個でりんごの約3倍もあるから、一日に小さめのじゃがいもを二つ食べればそれで大人一人の必要量に達する。ビタミンCに関してはさまざまな飲料やサプリメントが出ているが、実はじゃがいもを食べたほうが無理なくビタミンCを摂ることができる。また、じゃがいもに含まれるビタミンCのいいところは加熱してもさほど損失しないこと。加熱した状態で生のトマトの3分の2もある。じゃがいもは他の野菜と違い、サラダで食べなくともビタミンCを補給することができる。

こうしたことからもわかるように、じゃがいもは、調理法を問わず、健康を気にする現代人には非常に役に立つ野菜なのだ。それだけに、さまざまなじゃがいも料理を知る料理人に調理をお願いした。銀座にあるビストロ「マルディグラ」はフレンチをベースにイタリア、スペイン、さらにはインドネシアなどの料理の要素を取り入れた幅広いメニューを出す店である。しかも、オーナーシェフ、和知徹氏はじゃがいも好きであり、野菜好きの料理人だ。

「僕はお客さんには、もういらないっていうくらい野菜を出します。それから肉料理を出します。最初に野菜をたくさん食べておけば、いくら飲んだり食べたりしても体にいいような気がするんです」

彼の言葉どおり、「マルディグラ」で野菜メニューを頼むと、どかんとした量で出てくる。〝香菜の爆弾〟という名のコリアンダーのサラダなどはその典型だろう。他の店では香味づけにほんの少し出てくるような野菜だが、ここでは山盛りだ。フライドポテトにしてもしかり。一人で注文してはいけない量である。そうしたメニューをしゃにむに頬張っていると、体の中に野菜の栄養がしみ込んでくるような気分になる。

＊

和知氏が生まれたのは淡路島。1967年のことだ。1歳のときに茨城県のつくば市に移り、高校卒業まではそこで過ごした。子供の頃はさほど料理に対する関心はなく、当時、おいしいと思ったじゃがいも料理は「カレーの中に入ってたやつ」という程度だった。その彼が高校を卒業して大阪あべの辻調理師専門学校に進んだときから料理に目覚めた。

「大阪あべの辻調理師専門学校に行ったのはフランスに分校があったからです。そこに行けば海外に行ける、僕が料理人を目指したのはそんな単純な理由でした」

一年間、料理の基礎を大阪で学んだ彼はリヨンへ。分校はリヨン郊外のワイナリーに設けられていた。半年間は教室をレストランに見立てて模擬実習をし、残りの半年はそれぞれがフランス各地のレストランで修業をすることになっていた。和知氏が赴いた先はブルゴーニュ地方、トゥルニュスという小さな町のレストランだった。

「『ランパール』という名前のほんとうにちっちゃな料理屋兼旅籠でした。あえてオーベルジュとは表現しません。おしゃれをして行くような店ではなく、近所に住むファミリーが家庭料理を食べに来る店でした」

しかし、彼はそのレストランに派遣されて正解だった。そこで働いたことで、膨大なじゃがいも料理のレシピを覚えることができたからだ。

「入った頃、子供用の料理をよくつくらされました。フライドポテトがいい例ですが、じゃがいもの嫌いな子供っていないでしょう？ それで、どうしてもじゃがいも料理が多くなりました。じゃがいものスープ、グラタン、クレープで巻いたもの……。僕が一番おいしいと思ったのがグラタン・ドフィノワ。

じゃがいも、ミルク、チーズ、生クリームさえあれば誰でもつくれる家庭料理です。その店で働いている間に数十種類以上ものじゃがいも料理を習うことができました。それにしてもフランス人ってほんとにじゃがいもが好きなんですよ。フランス人のいも好き、イタリア人の豆好きって言葉があるくらいですから」

また、彼はじゃがいもにはたくさんの種類があり、使い分けをすることも学んだ。その店で主に使っていたのはドーセット種という日本で言えばメークインに近い、煮くずれしにくい種類のもの。フランスではじゃがいもに限らず、野菜には十分に火を通す。男爵のような煮くずれしやすいタイプのじゃがいもは使いづらいようで、一般の家庭でもドーセット種を使っていた。

日本でも、現在ではさまざまな種類のじゃがいもが手に入るようになった。ほくほくとした男爵は、コロッケ、粉ふきいもなどに使われる。メークインは煮物やシチュー、カレーに。最近の人気はキタアカリ。身が黄色く、ビタミンCが豊富な種類だ。ふかしたり、焼いたりして食べるといい。そのほかにも、皮が赤いベニアカリやでんぷん量が多いコナフブキなど、じゃがいもは料理に合わせて種類を選ぶと味わいが変わってくる野菜だ。

＊

さて、和知氏のじゃがいもの思い出に戻る。

「フランスで修業した日本の料理人は必ず言われると思うのですが、僕も『和食をつくれ』と頼まれました。僕のいたところは田舎だったから、寿司や刺身のようなリアルな和食を出しても誰も食べないと思った。それでまたじゃがいもに活躍してもらったんです。僕がつくったのはカレーと肉じゃが。肉は牛のスジを使いました。フランスの肉屋が持ってくる肉って日本の肉屋のとは違って、スジや脂がたくさん付いています。掃除をするのが僕の役目なんですが、肉から取り除いたスジ肉や脂を材料にしてカレーと肉じゃがをつくったら、みんなが旨い旨いと食べてくれました。カレーのルウは自分で香辛料を炒ってつくりましたが、肉じゃがの味つけは醤油です。フランスで肉じゃがをつくってみて感じたのは醤油はじゃがいもと相性がいいということでした」

彼が「マルディグラ」で出す料理はグラタンやピューレのようなフランス料理、にんにく、ハーブと一緒に揚げたイタリア風のもの、羊肉と煮込んだアイリッシュ・シチューとさまざまあるが、いったいどうやって各国料理のレシピを学んでいるのだろうか。

「僕は料理についての本をよく読むんです。それと、旅行したときに現地のものを食べまくる。このふたつです。本はレシピ集というよりも料理体験を書いたものが多い。ジェフリー・スタインガーテンが書いた『美食術』（文藝春秋刊）なんて面白かった。旅では気に入ったものを何度も食べて自分のものにします。そして、帰ってから工夫をしてメニューに載せる。お客さんって基本的にわがままでしょう。おまえにまかせる、と言われたとき、いつも同じメニューじゃつまらない。お客さんのリクエストに応えられるように、料理についてはなるべく幅広く勉強しておかなきゃと思うんです」

「マルディグラ」という店名は非常に印象に残るものだ。キリスト教関係の辞典を開くと、「告解火曜日。謝肉祭（カーニバル）の最終日のこと。地方によっては祭りを行う」とあるが……。

「ええ、キリスト教ではそんな意味でしょう。けれども、たとえばニューオーリンズでは音楽の祭りだし、オーストラリアではゲイのフェスティバルを指す。僕はひとつの言葉だけれどさまざまな意味のあるものを探していたんです。でも、ほんとうは……、僕のような年代のロック好きにとって、マルディグラとは特定の意味をもつ言葉なんです」

その意味とは和知氏の好きな70年代のロックグループ、クリーデンス・クリアウォーター・リバイバル（CCR）のアルバムタイトルのことだ。「雨を見たかい」「プラウド・メアリー」などの曲で知られるCCRにはいまだにファンが多く、最近ではテレビCMのBGMとしても使われている。

「一度、ロックグループの曲を流しながら、それに合うコースメニューをつくったことがあるんです。まずローリング・ストーンズの曲を流して山羊肉のスープを出しました。ボブ・ディランの曲には豚肉と内臓の料理。CCRの曲には塩だらとじゃがいものコロッケにしたんです。どうしてかって？　ＣＣＲって土の匂いのするロックを演奏するんですよ。土の匂いを感じる野菜といえば、なんといってもじゃがいもだから、それでＣＣＲには、じゃがいも料理を合わせました」

　この話を聞いて以来、私はＣＣＲの曲を耳にすると、無性にじゃがいもが食べたくなる。

＊

⬇じゃがいものレシピ　P39〜44

なす

「トルコでは肉よりも野菜を多く食べて育っています」

――ハサン・ウナルさん（ボスボラス・ハサン）

　野菜事典で「なす」の項を引くと、必ず載っているのが〝料理用途の幅広い野菜〟という記述だ。確かに、なすはほかの野菜に比べると、さまざまな調理法に合う素材で、煮ても焼いても揚げてもおいしい。そのせいもあるのだろう。なすを使った料理は数多いし、ポピュラーでもある。しぎ焼き、田楽、精進揚げ、漬物といった和風のものから始まって、麻婆茄子、ラタトゥイユ、ムサッカと各国それぞれのレシピがすでにさまざまなメディアで紹介されている。

　私は考えた。みんながすでに知っているなす料理を改めて取り上げるのはよそう。それよりも、意外と知られてはいないが、なすをおいしく料理している国の料理人に教えてもらおう……。そこで、なす料理について指導を仰いだのがハサン・ウナル氏。彼は東京・新宿三丁目で「ボスボラス・ハサン」というトルコ料理店を経営している。トルコは一人当たりのなすの消費量が世界一という、なす好きの国であり、サラダ、煮込み、揚げ物など、さまざまな料理法がある。

「トルコ料理というと、たいていの日本人は『ああ、シシカバブか』と言います。羊肉がトルコ料理のすべてと思っています。しかし、トルコでは肉よりも野菜を多く食べるのです。なすだけでなく、いんげん、トマト、ピーマン、ズッキーニ……、私たちは子供の頃からたくさんの野菜を食べて育っています。なすは夏の間に多く食べる野菜です。冬のなすはビニールハウス栽培のものが中心ですから、値段も高いし、味もおいしくありません。なすやトマトは太陽の光を浴びて育ったものがおいしいです」

　ハサン氏は１９５６年、トルコの古都・イスタンブールに生まれた。彼の父はサラリーマンだったが、料理が好きだった彼は学校を出た後、料理人に。イスタンブールで働いていたが、縁があって87年に来日。新宿のトルコ料理店「イスタンブール」に勤めた後、93年に独立し、現在の店を始めた。

「子供の頃の日本のイメージといえばテレビ、ビデオといった家電製品をつくっている国というものでした。立派な製品をたくさんつくっている国だから、さぞ大きな国だろうと想像していたのです。しかし、初めて日本に来て、中野のアパートに入ったとき、なんて小さな国なんだ、なんて狭いところに住んでるんだとびっくりしました」

　料理人として仕事を始めた彼がまずやったことは、日本の料理を試してみることだった。寿司、天ぷらから始まってラーメンに至るまでトライしたが、寿司は好きになれず、ラーメンも豚をスープに使っているものが多いので、イスラム教徒の彼には駄目。だが、それ以外の料理は何でも食べられた。ただし、ごぼう、山芋、納豆の３種類は全然、口に合わなかったという。そうした中で気がついたことがある。日本の野菜の味が淡白で繊細に感じられたのだ。

「日本の野菜は丁寧につくられているのだと思います。私は府中や立川でつくられた野菜を使っていますが、なすもトマトもトルコ

のそれよりもずっとあっさりとした味がします。たとえば日本のなすを炒めると5~10分でクタクタになりますが、トルコのなすは10~15分は炒めないと駄目です。また、トルコのなすは炒めた後も形が崩れませんが、日本のなすは時間を置くとベチャッとしてしまいます。トルコのなすはアクも強く頑固です。

＊

トルコの野菜は大半が屋外の畑で収穫されたものです。太陽の光を浴び、時には強い雨が当たります。気温の差が激しいから野菜が育つには厳しい環境です。また、畑も一年間、耕作したら、次の年は休ませます。日本の畑を見ていると毎年、次から次へと野菜をつくっている。あれでは土地の力が衰えてしまいます。トルコの野菜は土地の力を吸い、過酷な環境の中で鍛えられて育つから、味が濃いのです。そして、人間も同じです。トルコ人は厳しい環境の中で苦労しているから強い。それに比べると、日本の人はやはり優しいと思います」

ハサン氏の話はいつの間にか料理から文化論へと変わったが、彼が言いたいことは、つまり、野菜の味は育った土地を反映するということなのだ。だから、本格的にトルコ風のなす料理をつくろうとするならば、有機農法で育った味の濃いなすを素材として使うべきなのだろう。

「なすを料理するときに大切なことがあります。ほかの野菜のときも同じですが、トルコでは、野菜を炒めるときはしっかりと炒めます。日本の焼きなすを食べて思ったのですが、焼いてあるはずなのに、まだ白い部分が残っているのです。なすを炒めるときは白い部分は残しません。十分に火を通すこと。そして、トルコ料理に使うなすは大ぶりで長めのなすにしてください。日本人がよく使う小さいなすだと、少し炒めただけでペッタリしてしまいますから」

ほかにハサン氏が教えてくれたなす料理のコツとは加熱のバランスだ。和風の焼きなすよりは火を入れるのだが、黒くなるまで炒めることはない。炒めすぎたなすは苦味が出るのだという。色が茶色く変わったくらいがちょうどいいそうだ。トルコでは、〝なすとピーマンのヘルシー料理〟は典型的な家庭料理で、ハサン氏の好物だという。ハサン氏は子供の頃からなすが好きだったから、煮込み料理もサラダももりもり食べた。しかし、セロリやにんじんはあまり好きではなかったので、残そうとしたら、母親に見つかって怒られた。

「ダメよ、にんじんとセロリは目にいい野菜だから、決して残しちゃいけません」

さて、そんなハサン氏にはなすについて忘れられない、ひとつの風景があるという。それは夏を過ぎ、秋が近づいた頃のトルコの農村風景だ。

「日本の農家では柿を吊るして乾燥させますね。トルコでは夏の間にとれたなすを軒先に吊るして乾燥させるのです。なすのヘタを残し、実を三~四つに切り開きます。ちょうどなすの天ぷらをつくるときのような感じですね。そして、ヘタに穴を開けてひもを通して吊るすのです。トルコの空気は乾燥していますから1週間もすると干しなすが出来上がります。

冬になると、玉ねぎ、にんにく、トマト、ピーマンをオリーブオイルで炒め、そこに水で戻した干しなすを水と一緒に入れます。そのままぐつぐつ煮込むと、干しなすのソースが出来上がります。パンにつけて食べるのですが、みんなで取り合いになるくらい、おいしいソースですよ。羊肉の挽き肉を入れてもいいですね。そうするとムサッカになります。ムサッカとは肉を入れた煮込みという意味なんです。干しなすは冬にとれたハウス栽培のなすよりも味が濃いから、みんな干しなすの料理を喜びます。日本でつくってみようと思ったこともありますが、湿気が多いからうまくできないでしょうね」

ハサン氏は干しなすについては口から泡を飛ばして話していたから、きっとそれはよほどおいしいに違いない。

「でも、私、日本の白いご飯が好きです。とてもおいしい。白いご飯と味噌汁は最高です。えっ、日本ではなすを味噌汁に入れるのですか? それはポピュラーなことですか? そうですか。それはいい。今度、つくって食べてみます」

＊

➡なすのレシピ P46~47

心に残る一品は、冬キャベツの芯　キャビア添え

——前田精長さん（聖兆）

「聖兆」のオーナーシェフ、前田精長氏は蒲田で生まれた。学校を出た後、板金塗装の仕事をしていたが、料理人になるため中華料理調理師会の副会長に弟子入りした。以来、15年にわたって、さまざまな店で修業をし、「聖兆」を開いたのは1998年。独立する直前には、中華料理の調理師たちに料理を指導する立場にいたという。そのせいか、今でも「聖兆」には玄人の客が多い。彼らは料理を食べた後に前田シェフのところにやって来て、「レシピを教えてほしい」と頼む。豊富な知識もさることながら、彼の料理や味つけの手法には、センスのよさが感じられるのだ。

「キャベツは糖質や脂質を分解してくれるんです。みなさんもキャベジンという薬をご存じでしょう。胃腸の薬なんですが、あれはキャベツの成分から開発されたものです。ですからキャベツは消化にいい。脂身の多い肉などと組み合わせて料理をするのに向いています」

彼の説明を聞いた私はキャベツを使った、ある中華料理を思い出した。

「なるほど。ということは回鍋肉《ホイコーロー》はキャベツの性質を生かした豚肉料理なんですね」

前田シェフは首を横に振り、微笑した。

「いいえ、違います。四川で食べる本場の回鍋肉にはキャベツは入っていません。あれは豚の脂身と葉にんにくを炒め、豆豉《トーチ》で味つけをした料理なんです。キャベツを入れたのは『四川飯店』を創業した陳建民さんです。陳さんが日本に来た頃、葉にんにくや豆豉は手に入れることができない材料でした。それで代わりにキャベツと八丁味噌を使って、日本風の回鍋肉をつくったのです。でも、豚の脂身とキャベツの相性はぴったりでしたね。今では香港や上海のコックも回鍋肉にはキャベツを使うようになりました」

このように前田シェフは多くのことを知っている人だ。

キャベツはアブラナ科の野菜。ビタミンCやカロチンを多く含んでいる。また、日本では出回る季節によって、春キャベツ、夏秋キャベツ、冬キャベツに分かれる。春キャベツは小ぶりで、色は淡い緑色。巻きはそれほど強くない。葉が柔らかいのでサラダなどの生食に向いている。夏秋キャベツは冷涼地で栽培され、やや緑色が濃い。冬キャベツは寒玉とも呼ばれ、外側の葉は緑色をしているが中は白い。甘味があり、煮込んでも崩れない。スープやロールキャベツに向く。

前田シェフはキャベツの使い方についてこう言っている。

「キャベツ料理にはさまざまなバリエーションがあります。せん切りキャベツに始まって、炒め物、煮物、蒸し物、味噌汁の具にしたっておいしい。つまり、どんな調理法にも適応する野菜なんです。しかし、数あるキャベツ料理の中で、一番ピタリとくるのは、野菜炒めやサラダのように、油と合わせたときだと思うのです。そこで、たとえば、油に着目してみてはどうでしょう。香りの強い胡麻油やピーナッツオイルを使ってもいいですし、自分で手を加えた油をつくってみるのも面白いですよ」

*

「うちの店では料理用の油を12種類くらい使っていますが、半分は私が手を加えてつくったものです。市販の白絞油やラードをベースに、海老、にんじん、ねぎ、にんにくなどの香りを移した油を使っています。そうすると料理に深みが出るのです。キャベツには生姜油などが合いますね。つくり方も簡単ですよ。サラダオイルに生姜のスライスを入れておくだけでいい。3日もすれば使えます。さっとキャベツを炒めるだけで、野菜炒めも味が違ってきます。酢と合わせてドレッシングにしてもいい。せん切りキャベツにかけて食べてみてください」

前田シェフは、状況に応じて、ポイントを押さえた明快な料理をする人だ。

「キャベツは、じっくり火を通すと甘味がどんどん出てくる野菜です。ですから、ゆっくり煮たり炒めたりすると、ごく甘く仕上げることができる。ただし、焼きそばの具にする場合などは別です。麺が柔らかいですから、歯ごたえを残したほうがおいしい。キャベツを入れるのは一番最後でいいんです。インスタント焼きそばの袋には、具は最初に炒めておけと書いてあります。しかし、それでは熱が入りすぎます。肉を炒め、麺を入れて味つけをしたら、キャベツは出来上がる直前に入れればいい。小指くらいの大きさに切ったキャベツを入れて鍋を2、3回あおったら、火から下ろす。それで十分です。あるいは鍋に投入せずに刻んだキャベツを皿に敷いておいてもいい。キャベツは生でも食べられる野菜ですから、麺の熱がキャベツに伝わるくらいでもおいしく食べられます」

私は前田シェフが説明してくれたとおりのやり方でキャベツ焼きそばをつくってみた。皿の上に刻んだキャベツを敷き、そこに炒めた麺をのせた。かき混ぜて食べてみたら、麺とシャキシャキした感じのキャベツがうまくからまっていた。ただし、皿は温めておいたほうがいい。皿が冷えているとせっかくの焼きそばがすぐに冷めてしまうからだ。

*

前田シェフは料理に詳しいだけではない。食材や食材の流通についてもリサーチしており、キャベツの買い方、選び方にも彼なりの考えをもっている。

「野菜を買う場合は切り口の鮮度を見ろと言います。確かにそれも一理あるのですが、近頃、野菜の切り口に液剤を塗って並べておく店があるのです。そうすると切り口が変色しません。液剤自体に害はありませんが、鮮度を見るのが難しくなります。私は切り口よりも重さで選びます。重くて大きいキャベツを買います。ただし、春キャベツは別。春キャベツは巻きがゆるいから軽く感じます。

今は家族が少ないから、キャベツ一個を買っても、なかなか食べきれないかもしれません。そういうときは2分の1にカットしたものでいいです。ただし、カットしたキャベツはその日のうちに使い切ってください。野菜は呼吸しています。特にカットしたものは傷みが早いからその日のうちに食べるのが原則です。どうしても余ってしまった場合は漬物にするといいでしょう。でも、できるだけ残さないほうがいい。残り物だと思うだけで食欲がわきません。漬物をつくるのでも、漬物のために野菜を買ったほうがおいしくできます。野菜は食べられる量だけ買うようにしてください」

最後に、前田シェフがこれまで食べたキャベツ料理でもっとも心に残っているものを尋ねてみた。すると、彼が教えてくれたものは贅沢でしかもロマンチックなものだった。

「冬キャベツの芯があるでしょう。その芯だけを生のまま薄くスライスします。それを盛り付けて、キャビアを添える。芯にはキャベツの甘味が凝縮されています。冷えたシャンパンにはぴったりの味がする。昔、香港で食べたものなんですが、キャベツの芯とシャンパンというミスマッチがいいんです。ただし、キャベツは鮮度のいいものでないと駄目ですよ」

蒲田の中華料理店でシャンパンとキャベツの芯を食べるというのも乙な感じがする。蒲田とシャンパンという組み合わせもミスマッチのように思えるからだ。なお、彼の店ではキャベツの芯にキャビアを添えた一品も、さらにはキャベツを使わない本場の回鍋肉も、材料さえあればつくってもらうことができる。

*

➡キャベツのレシピ　P53〜57

にら

にら独特の香りや歯ざわりが忘れられない味にする

——齋藤永徳さん（北京遊膳）

にらは古くから日本にあった野菜だ。しかし、その消費が伸びたのは、実は昭和40年以降のことである。にらはとても傷みやすい野菜で、気温が高くなると、すぐに葉先がしなびたり、軸元がぬるぬるしてしまう。商品としては質を保ちにくい野菜だったので、保冷設備や流通が発達するまでは店頭の主力にはなりにくかったのだ。

　では、八百屋の店頭ににらの姿が少なかった時代、人々はどうしていたかといえば、自家用として庭の隅に植えていた家庭が多かったという。今でいえば、マンションのベランダにパセリ、バジルの鉢を置くのと同じ感覚だったようで、にらを使いたいときは、上部だけを切り取り、雑炊に入れたり、味噌汁の具にしていたのだ。思えば私の故郷でも、昭和30年代はにらを植えている家を多く見かけた。しかも人間が食べるだけでなく、庭で飼っていた鶏の餌にしていたのである。そして、栄養豊富なにらを食べて育った鶏が産んだ卵でつくるにらの卵とじは、その地では極上の美味とされた。

　ちなみに私が生まれた場所とは、日本の辺境ではない。五島美術館や多摩美術大学のある世田谷区上野毛だ。今でこそ高級住宅地となっているが、その当時は牧歌的な風景の町であり、駅の近くには卵を産ませるための幼鶏を売る店すらあった。つまり、当時は都内の住宅地でもにらの自家栽培が見られたのだから、全国各地でも、似たような風景があったと思われる。

　にらの調理をお願いしたのは東京・荻窪にある北京料理店の「北京遊膳《ぺきんゆうぜん》」。シェフは齋藤永徳氏である。1953年生まれの齋藤氏は高校を卒業した後、横浜市伊勢佐木町にあった大型の中華料理店「不二家」（ペコちゃんの不二家。横浜店だけ中華料理を出していた）で料理修業をスタートし、都内の中華料理店を経て山の上ホテルの「新北京」に。そこには11年間勤めた。「北京遊膳」を開いたのは93年。この店の味の特徴は、ぎとぎとしていない端麗な印象の料理を出すところにある。彼は野菜やハーブを効果的に使い、また料理油、酒、調味料を厳選しているので、舌に優しく、胃に負担を感じさせない料理に仕上げている。

＊

「にら？　中華料理にはよく使う野菜だね。特に野菜炒めには欠かせない。にらは野菜炒めの主役じゃないが、あの独特の香りや歯ざわりが、料理を忘れられない味にするんだ。にら料理をつくるときに肝心なのは何よりも選び方。スーパーで安売りしているにらは、軸も細く葉も薄い。高級スーパーか、もしくは、ちゃんとした八百屋へ行くと、軸も太く葉に厚みのあるにらを売っている。それを手に入れること。紙みたいに薄いにらはすぐに熱が入っちゃうから調理が難しいし、食べると口の裏にひっついちゃう。葉の薄いにらは、刻んで餃子やにら饅頭に入れるといい。レバにらや野菜炒めには露地ものの新鮮なやつがいいなあ」

　彼によると、にらを買ってきたら、すぐに選別にとりかかるという。新聞紙の上に広げて、傷んでいる葉をより分ける。軸元がぬるぬるしているものは収穫してから時間が経ち、バクテリアが繁殖している証拠だから必ず取り除くこと。

　ビタミンA、B_2、Cを豊富に含むにらを調理するときに気をつけるのは火を通しすぎないこと。加熱時間が長いと栄養素が壊れてしまうし、風味も色もとんでしまう。とにかく「シャキシャキ感を残すように火を入れる」ように気を配ることが大切だ。

「中国人はしゃきしゃきした感じの歯触りを脆《ツイ》と表現する。ぐちゃっとした野菜炒めは料理の範疇に入らないんだ。では、どうすれば脆の状態に仕上がるかといえば、炒める

白菜

ときは箸でかき混ぜずに中華鍋を振ること。少々練習が必要だけどね。箸で野菜をかき混ぜると、煮物みたいにぐちゃぐちゃになってしまう。

もうひとつは素材を入れる順番を守ることと大きさを揃えること。野菜炒めをつくる場合、野菜は硬いものから順に入れていくのが基本。にんじん、キャベツ、戻した椎茸、ピーマン、もやしなどを先に入れ、どんなときでもにらは最後。にらを入れて、一度鍋を振ったら火を落とす。一連の作業はすべて強火でやること。野菜の切り方は、にんじんはマッチ棒と同じ太さ。長さはマッチ棒よりやや長め。キャベツはにんじんの倍の幅に切る。椎茸、ピーマンもキャベツと同じ幅で。このふたつを守れば、素人でもおいしい野菜炒めができるはずだよ」

中華料理店では主に、にら、黄にらの2種類を使っているが、その使い分けはどうしているのだろうか。またにらと他の素材との相性を齋藤シェフはどう考えているのだろう。

「にらは肉やレバーのような味のしっかりしたものと相性がいい。それから卵。卵の黄色とにらの緑が食欲をそそる。黄にらは帆立、海老のような食材と合わせる。私がいい組み合わせだなと思うのが鶏レバーとにら。レバにらといえば豚を使うものと思われているけれど、あれは、本来は鶏のレバーでつくる料理です。豚のレバーは下処理に手間がかかるから、家庭料理には不向きじゃないかな」

「北京遊膳」は小さな店で、キッチンも狭い。しかし、そこには市販のものだけでなく、彼が自分でつくったさまざまな調味料が並んでいる。それを眺めていると、彼の頭には調理の技術だけでなく、多くの中華料理の知恵が詰まっていることがわかる。

「山の上ホテルにいたとき、戦美朴さんという中華料理の名人に習っていたことがあるんだ。あの人はとにかく『無駄を出すな、モノを捨てるな』が口癖だった。部下の仕事が終わるとゴミ箱の中をのぞいて、『これを捨てたのは誰だ。まだ使い途がある』と怒る人だった。だから僕たちは大根の葉っぱでもセロリの葉でも、お客さんに出せないものはなんとか工夫して自分たちで食べるか調味料に利用していたんです。

たとえば、大根の葉っぱは卵と胡麻油でさっと炒めると旨いし、セロリの葉はゆがいて豆板醤で和える。ねぎの青いところはサラダ油で熱してねぎ油にしたし、にんじんの皮も紅油《ホンユー》というにんじん油にしました。どちらの油も、炒めものに入れたり料理の仕上げに使うといい香りがするんだ。ああ、そうだった、にらの話だったね。にらもね、みんなは捨てちゃうけど、軸元のところが甘味があっておいしいんだ。軸だけを炒めたっておいしい。あそこは絶対に捨てないように」

取材を終わって帰りがけに「北京遊膳」でアルバイトしている吉林省出身の女の子と立ち話をした。「にらは体が温まる。男の人には精力剤になる」とのこと。疲れ気味の人はにらを多めに使って料理してください。

＊

⬇にらのレシピ　P59〜63

白菜は野菜の王様。どんな料理法にも合うんです

——孫 幼婷さん（田燕居）

用賀の「田燕居《でんえんきょ》」や目黒の「大鴻運天天酒楼《だいこううんてんてんしゅろう》」などの料理店で采配を振るうマダム、孫《スン》幼婷《ヨウティン》さん。彼女は中国の北京市に生まれた。

小さな頃から料理に関心があった孫さんは、母親が食事の支度を始めると、いつもそばでじーっと見ていた。母もそんな孫さんを可愛がり、料理の手順や材料の性質について、丁寧に教えながら調理をしていた。

彼女は母が白菜について話していたことを

よく覚えている。

「アーティ（孫さんの愛称）、白菜は野菜の王様なのよ。たくさん食べなくちゃ……」

大人になり、ピエール・カルダンに見いだされてモデルとなった彼女は世界の舞台で活躍した。そして、来日。日本人の夫と出会い、中国料理の店を出すまでになった。孫さんは今でもキッチンに立ち、白菜を料理するたびに母が言っていたことを噛みしめる。

白菜料理についての先生は、お母さんから習った中国家庭料理に詳しいアーティこと孫さんである。

「白菜はどんな料理法にも合う野菜です。煮ても、炒めても、蒸しても、生でもおいしい。漬物にもいいし、餃子の餡にもなります。そういえば日本の人は白菜をあまり生では食べないけれど、とてもおいしいんですよ。中国人は野菜サラダや刺身のような、火を通していない料理を嫌いますが、白菜ときゅうりだけは別。この二つは生で食べます。

それから、白菜はほかの素材と相性がいい。肉はもちろん、魚、干し海老、貝柱、マッシュルーム……。サラダや和え物のときは梨やりんごといった果物も合います。そうそう、栗、筍のような季節の素材にも合う。母が野菜の王様と言ったのは、正しいと思います」

白菜はキャベツ、ブロッコリー、大根、小松菜などと同じアブラナ科の野菜である。アブラナ科の野菜に、今、注目が集まっている。それはアブラナ科の野菜には体にいい成分が含まれていることがわかってきたからだ。ビタミン、ミネラルが豊富であり、また発ガン抑制作用をもつフラボノイド、発ガン物質の毒性を打ち消すインドール化合物といった成分もある。ストレスが多く、生活習慣病に悩む現代の人々には必要な野菜なのだ。

さて、健康の話から料理に戻り、孫さんから白菜料理の知恵を聞こう。

＊

「白菜は素材に十分旨味があります。だから、沙茶醬《サーチャージャン》、甜麺醬《テンメンジャン》、オイスターソースのような強い味の調味料はなるべく使わないほうがいいでしょう。そして、白菜は、外側の硬い葉から内側の小さい葉まで、すべて食べられます。捨てるところはありません。たとえば、一番外側の葉は硬いから私は包丁で叩いて水気を出し、餃子や包子の餡に入れます。

葉先と根元の食感や味の違いを楽しめるので、私は白菜を細かく切らず、長いまま料理するのが好きです。

大きくて食べにくい？　そう。でも、お箸で繊維に沿って切ればいいんじゃないかしら。中国人は、器用に箸を使って食べますよ。お箸使いの勉強だと思ってくださいな。ただし、いつも長いまま食べるのではなく、スープや鍋の具にするときは適当な大きさに手でちぎります。また、サラダのときは、包丁で細かく切ります。料理によって切り方を変えているのです」

キッチンでの孫さんは、あっという間に4品の白菜料理をつくり上げ、目の前の完成品を眺めて、呟いた。「まだまだおいしい白菜料理があるの」と。

「骨付き豚と白菜の和え物。『折骨肉拌白菜』。これがまたご飯に合うんです。骨付きの豚をゆでて、バラバラにほぐします。骨についている肉もこそげ落とす。そこへゆでた春雨と生の白菜のせん切りを入れて、胡麻ペーストのドレッシングと黒酢で和える。おいしそうでしょう？

それから、これは私たちが賄いでときどき食べているおかずなんだけれど、白菜の中国風古漬け〝酸菜〟。白菜を塩と米の研ぎ汁などで漬けたものですが、日本の古漬けより酸っぱい味がします。これを豚肉や羊肉の鍋に入れると、いくらでも肉が食べられる。酸味が肉の脂を落としてくれるし、漬物は消化にいい。そうそう、生の白菜と一緒に餃子の餡に入れてもいい。それから……」

彼女は白菜料理の話になると、止まらないようだ。ここで一休みして、白菜料理のコツと保存法を書いておく。コツはひとつだけ。くたくたになるまで火を通さないこと。

白菜はゆですぎると甘味がなくなってしまう。甘味を残しておくためにも硬さを確かめながら火を通すこと。孫さんが白菜を蒸している様子を見ていたら、彼女は時々、蒸籠《せいろ》を開け、蒸し加減を確認していた。

次に、白菜の選び方と、買った後の保存の仕方について。まず、買うときは、巻きのしっかりした、ずっしり重いものを選ぶこと。また、孫さんは「ひとつ丸ごと買ったほうがいい」と言う。

「半分や四つに切ったものは傷みが早い。使う直前まで、床下や外の寒いところで丸のまま保存するのが一番ですが、それが無理な場合は、半分に切って冷蔵庫へ。その場合も、使わないほうは切り口に外側の葉を巻いて、湿らせた新聞紙にくるんで冷蔵庫にしまっておく。白菜は長くもつ野菜だから、中国ではたくさん買っておいて地下室で保存します」

＊

「田燕居」という店名の意味は、おいしいものはすべて「田」んぼから、「燕」という鳥は北京市のシンボル、そして「居」は家。彼女は自分が育った北京の家をイメージして内装を仕上げ、メニューも北京の家庭料理を主にした。店の片隅にはつねに季節の花が飾られている。私は孫さんの自宅に招かれているような気がした。

「お花ですか。あれは私じゃありません。店長の松田が生けました。中国人は家の中に花を飾ったりしないんです。どうしてかしら……。庭はきれいにして花を植えるのに。でも、きれいな花があるといいですね。そして、きれいな花のある気持ちのいい場所でおいしいものを食べるのは幸せ。

そうだ。私が一番おいしいと思っている白菜の食べ方があるんです。それは日本の田舎で覚えました。白菜の内側のほうの小さな葉に、味噌をつけて食べるの。もちろん生です。味噌は塩辛いものでした。しゃきしゃきとした感触と白菜の甘味が忘れられません。それに、家でも簡単につくれます」

横で聞いていた店長の松田さんも「さっそくやってみよう」と呟やいた。そして、松田さんは孫さんに話しかけた。

「アーティさん、中国の人は花は飾らないかもしれませんが、金魚を飼う人は多いそうです。うちのコックさんが言ってました。だから、この店でもコックさんが金魚を飼ってるんですよ」

松田さんは私たちを入り口近くに案内し、大きな甕《かめ》を示した。中には太った金魚が3匹泳いでいた。

つまり、「田燕居」は、白菜料理がおいしくて、季節の花が飾ってあり、金魚が泳いでいる店だ。

＊

⬇白菜のレシピ　P65～69

親方の貴重な教え。それを大根料理を通して学びました

――小室光博さん（小室）

日本料理店「小室《こむろ》」の主人、小室光博氏が修業したのは懐石料理店「和幸」である。親方、高橋一郎氏は茶懐石の世界では本道を歩む料理人として名高い。小室氏は18歳から7年間、親方の下で料理だけでなく、茶道、華道、礼儀作法、そして客との接し方までさまざまな勉強をしたという。しかも、その教育は「7年の間、親方からは一度も褒められたことがない」ほど厳しいものだった。

「初めて褒められたのは独立してからです。それだけではありません。お客さんを紹介していただいたり、雑誌社の方に電話をかけていただいたり、独立してから親方のありがたみがよくわかりました。そして、私にとって親方といえば、大根が頭に浮かびます。親方がまだ若い頃の話ですが、ある茶人のお宅に料理の打ち合わせに行ったそうです。すると、ことことと煮え立つ鍋が運ばれてきた。蓋を開けると、中には一本の小ぶりの大根が丸のまま煮てあった……。そして箸を入れると、すーっと切れていく。口に運ぶととろけてしまう。話を聞いているだけで、唾が出てきそうなくらい。それで、私も自分でつくってみました。だしに、味醂、薄口醤油だけを加え、大根を炊きました。親方の言ったとおり、本当においしかった」

1966年、東京の郊外、昭島生まれの小

室氏はいかにも楽しそうに思い出を語る。料理の指導をしてくれた彼はそれほど大根に愛着があるのだ。

大根はアブラナ科の代表的野菜である。そして、生産量はじゃがいもを除けば野菜の中でナンバーワン。日本人が最もよく食べている野菜のひとつなのだ。そして生産量が多い時季は12月。逆に少ないのは6月。霜が降りて寒さが厳しくなる頃に最もおいしくなり、八百屋に出回る野菜である。栄養分としては食物繊維とビタミン類が豊富に含まれている。しかし、ビタミンに関して言えば、実は根の部分より葉っぱのほうによりたくさん含まれている。葉っぱにあるビタミンCは、いちごのそれに匹敵するほどであり、カロチンはにんじんほどではないものの、野沢菜やチンゲン菜よりも多い。大根の葉は栄養分の塊とも言える。

「そうです。大根の葉は刻んで塩でもんでご飯に混ぜ込むとこたえられないほどおいしい。でも、問題があります。普通に栽培された大根の葉には農薬がかかっている。ですから、無農薬もしくは低農薬の大根でないと、葉っぱは使わないほうがいいでしょう」

さて、大根を調理するときに覚えておくべきことがある。大根は部位によって味が違うので使い分けをしたほうがいいということだ。先端部分は水分と辛味成分が多く含まれており、中央部分は甘味がある。また、葉に近い部分は、繊維質が多くてやや大味だ。だから、先端は大根おろしに使い、中央は甘味を生かして煮物に、そして、葉に近い部分は、皮をほかの部分よりも厚めにむいて、油で炒めたりするといい。

「やっぱり、大根は真ん中のまるまるとしたところが一番おいしいと思います。ふろふき、おでん、サラダ、漬物……、輪切りにして油の中でじっくり炒め焼きするのもいい。大根はいろいろな料理に向いているのです。唯一、向かないのは天ぷらのように、衣をつけて揚げることではないでしょうか」

＊

大根料理の中で意外と軽んじられているのが大根おろしではないか。料理の本を広げてもつくり方が書いてあることはまずない。しかし、おいしいつくり方はちゃんとあるのだ。

「大根おろしには冬大根の先端部分を使うこと。先端は辛味も期待できるし、密度もあるからおろしやすい。そして、大根はおろし金に対して直角に当てる。斜めに寝かせてはいけません。必ず直立させるのです。大地から生えてきたような形でおろすのが基本です。そして繊維を断ち切るように力を込めておろしていく。おろし金が小さい場合には大根を四つ割りにしてもいい。私は銅のおろし金を使っています。値段はステンレス製の3倍以上はするけれど、出来上がりが全然違います。銅製の高いものでも1万円はしませんから、大根おろしが好きな方ならひとつ持っていてもいい。私は大根おろしだけは、手でおろしたものがいいと思っています」

大根おろしはむろん、そのまま食べてもいいのだが、さまざまな素材と和えても旨い。しかし、彼によると、おろし和えに合う素材と合わない素材があるという。あん肝のように旨味成分のあるものや、小柱のように歯ごたえのあるものが合うようだ。

「大根おろしは簡単なようですが、立派な一品です。丁寧にやれば店で食べるのと同じ味のものを家庭でつくることができます。大根おろしがいい例ですけれど、私はすべての料理をおいしくするポイントとは、簡単な作業をどのくらいちゃんとやるかだと思う。銅のおろし金で丁寧におろしたものと、フードプロセッサーでつくったものとはまったく味が違います。一見、簡単に見える作業ほど、手を抜いてはいけないのです」

では、次は大根の選び方を聞いてみよう。大根を買うときは葉っぱを見ること。葉がみずみずしい大根を選び、家に戻ったら、すぐに葉を落とす。葉が付いたままだと根の栄養分が葉に回ってしまい、味が落ちるのだ。使う分だけ切ったら、残りにはラップをかけておく。また、スーパーなどのラップのかかった大根は、切り口のきれいなものを選ぶこと。当たり前かもしれないが、少しでも新鮮なものを買うことだ。しかし、一人住まいならばともかく、大根はさまざまな料理に利用できるので、できるかぎり葉の付いたものを丸ごと買い、上手に使いたい。たとえ、買ってから日が経ったとしても、おいしく食べられる料理法がある。

「古くなったら皮の部分を使うといい。大

根の皮は多少、日にちが経っても、味は落ちません。たとえばきんぴらなんかどうでしょうか。幅2㎜に切って太白胡麻油で炒めます。味つけは醤油、日本酒、一味唐辛子だけ。これさえあればいくらでもご飯が食べられます。もうひとつは自家製の切り干し大根です。皮を幅5㎜に切って、軽くもんでからザルに広げます。それを軒下に干します。市販の切り干しみたいに、からからになるまで干す必要はありません。冬は乾燥してるから一日でいい。油揚げと一緒に、だし、醤油、日本酒でくつくつと炊きます。市販のものと違って、切り干し臭さのないものができますよ」

＊

小室氏に大根についての話を聞いていると、後から後からおいしそうな料理が出てくる。話は止まらない。それほどさまざまな大根料理を知る彼だが、それでも特別に思い入れのある一品があるという。それが　ささがき大根　だ。新鮮な大根をよく切れる包丁でささがきにし、血合いを除いた鰹節をかけただけの一見ごく簡単なもの。しかし、彼は大根にゆっくりと慎重に包丁を入れ、小鉢に盛った。鰹節をかくときも真剣で、額にうっすらと汗を浮かべながら、太い腕で鰹節を削る。そして、削った中から形のいいものだけを選んで大根の上にそっとのせた。店の中には鰹節のいい香りが漂う。

「ささがき大根にも親方の思い出があるんです。親方は銀座の『胡蝶』という料亭で料理長をしていたことがあるんですが、ある晩、大金持ちの社長から『ささがきをつくってくれ』と言われたそうなんです。親方が『わかりました』とさっとつくって出したら、確か鉱山会社の社長だったと思うのですが、『一流の店じゃ簡単な料理を嫌がる板前が多いのに、おいしいものをつくってくれてありがとう』と相当な額のご祝儀をもらったというんです。そして、にやりと笑って私に言いました。『料理人はできることはなんでもやることだ。やってみるといいことがあるかもしれないぞ』って。親方は『料理人は芸術家じゃない、いつでも客のために料理をつくってるんだぞ』と私に教えてくれたような気がするんです」

彼の話を聞いていたら、「和幸」の厨房の様子が浮かんできた。親方は弟子に厳しく接しながらも、折々に自らの体験を語ったのだろう。そして弟子は親方から話を聞くことで、素材や料理により愛情を感じるようになったのだろう。小室氏が彼の親方から習ったこととは素材の特徴や調理の技術だけではない。料理に無限の愛情をもつことも教わったのではないか。そのことを考えると、「和幸」主人の高橋一郎氏は一流の料理人であるだけでなく、一流の教育者でもあると思う。

＊

⬇なすのレシピ　P48～51
⬇大根のレシピ　P71～75

水菜

「水菜は味よりも食感、シャキシャキ感を楽しむ野菜です」
——岡本憲昌さん（安兵衛）

水菜は伏見唐辛子、堀川ごぼう、聖護院蕪などと並ぶ京都の特産野菜である。小松菜やキャベツと同じアブラナ科の野菜で、別名、京菜とも呼ばれている。現在では年中、店頭にあるが、京都では霜が降りる頃においしくなる野菜といわれ、冬に食べるものだった。水菜は、葉が尖った品種が一般的だが、水菜の変種に壬生菜《みぶな》というものもあり、こちらは葉に切れ込みがない。ちなみに壬生とは京都の地名で、幕末に新撰組の屯所があった場所として知られている。水菜は、くせのない味の野菜だが、栄養分には富んでおり、カロチン、ビタミンC、カルシウム、鉄分が多く含まれている。

関西で水菜といえばハリハリ鍋が連想され

る。それは水菜と鯨の肉もしくはコロ（鯨の本皮の脂肪層を乾燥させたもの）を具にした鍋で、冬の味覚のひとつだ。しかし、鯨の肉が手に入りにくくなった現在、水菜イコールハリハリ鍋とはいかなくなったようだ。近頃の人は、水菜といえばサラダを思い浮かべるという。

京都の河原町通、荒神口にある割烹「安兵《やすべ》衛《え》」の主人、岡本憲昌氏は水菜を使った料理を出すと客の反応が二つに分かれると言っている。

「おやじさん連中にとっての水菜は昔懐かしい味ですわ。ハリハリ鍋かお揚げ（油揚げ）と一緒に炊いたもんというイメージです。ところがうちに来る若い子たちにとっての水菜はサラダです。『東京のニュー和食屋さんで、水菜のシャキシャキサラダを食べた』なんて子が、同じものをつくってくれと言ってきます。その子たちにとっての水菜は、レタスみたいなサラダ野菜ですわ」

「安兵衛」は観光客向けの京料理店ではない。また、カウンターに惣菜が並ぶおばんざい屋でもない。京都の地場の経営者や遊び慣れた人たちが「おいしいもんを食べさせて」とやって来る店である。メニューも幅広い。季節の魚料理のほかに、湯葉や松茸など京都特産の材料を使ったもの、そして貝柱のコロッケ、ぐじを使ったオニオンスープといったものもある。つまり、料亭にも行き、フランス料理もひと通り食べた贅沢な人たちがわがままを言いにくる店なのだ。しかし、料理の割に、値段は決して高くない。主人の岡本氏は客のわがままに応えるために、つねに新しい料理の研究をしている。そして、彼は京野菜のエキスパートでもあり、水菜料理について教えを請うには格好の人だ。

＊

岡本憲昌氏は１９５４年生まれの京都人。実家は新京極にあったおもちゃ問屋で、店舗兼住居には家族と20人ほどの従業員がともに暮らしていたという。

「任天堂さんがつくった花札やトランプをおもちゃ屋さんに卸すのがうちの仕事でした。任天堂さんの社員が唐草模様の風呂敷に商品を包んで、うちに持ってきたのをよく覚えてます。ファミコンなんて影も形もない頃の話ですが……。うちでは家族も従業員も一緒に食事をしてました。おかずもおんなじ。水菜と油揚げの炊いたん、なまり節とふきの煮物、ずいきの炊いたん、それにきんぴら、肉じゃがといった惣菜とご飯に味噌汁。毎日、そんなもんばっかりでした。ただ、祇園祭の日だけはご馳走なんです。卵豆腐、鱧の落とし、鯖寿司、魚そうめん……、よく覚えています。祇園祭の夕食は母親がつくったものじゃなく、料理屋の仕出しだったから、よけいにおいしく感じたのかもしれません。母親がいつも言っていたのは『ほかすもんはない』ということ。芋の皮でも菜っ葉の芯でも、母はほかしたりはしません。漬物にしたり、味噌汁の具にしたり、始末というのが京都の家庭の心得でした」

地元の高校を卒業した岡本氏は、家業のおもちゃ問屋を継いだが、どうにも仕事を好きになれなかった。そんなとき、ある料理屋で味わった一杯のおこぜの吸い物に感激。家業を捨て料理人を目指すことを決めた。彼が料理修業を始めたのは23歳と遅かったが、以後7年の間、料亭、割烹など数軒で仕事をし、30歳のとき、河原町通に店を開いた。「安兵衛」という店名は大家のおばあさんがやっていたおでん屋の屋号をそのまま受け継いだもの。「名前を変えない」というのが、店を借りたときの約束だった。以来19年、彼は律儀に約束を守り、「安兵衛」のカウンターで料理をしている。

「修業で教わったことはひとつです。料理のときに出た余りものはほかすな、ということ。魚のあらも野菜くずも捨ててはいけない。あらは賄いの味噌汁のだしをとるのに使いましたし、野菜くずは工夫しておかずにしました。たとえば海老芋の皮はからっと揚げて砂糖をまぶし、かりんとうのようにする。れんこんやうどの皮はきんぴらにする。ふきの葉っぱはじゃこと一緒に炊いてご飯のおかずですわ。しかし、くずをほかさないように工夫することが新しいメニューをつくり出すときのヒントになるんです」

そんな食材の始末と料理の工夫に長じた岡本氏には、その後一カ月の間、改めて水菜料理を研究してもらった。彼は水菜を煮たり、焼いたり、揚げてみたりとさまざまな調理法を試したという。

＊

「水菜は炒めてもおいしくありませんでした。くたーっとなってしまい、水菜の持ち味であるシャキシャキ感がなくなる。それと天ぷらも駄目です。最初から駄目だとは思いましたが、そのとおりでした。水菜は水分の多い野菜だから、揚げるのには向きません。味よりも食感の野菜です。ですから、料理のポイントは火の通し方。食感が残るようにさっとゆでるだけでいい。

水菜と相性がいいのは鯨のような脂の味ですわ。水菜は脂っこさを和らげるからだと思います。いろいろやってみましたが、やっぱり鍋が一番でした。鯨が手に入らなければ鴨でもいい。鴨も冬場に脂がのってきます。鴨と水菜は冬の出会いものでしょう。そして、鴨も手に入らない場合は豚ロースの薄切り肉でもいい。ただし豚肉には片栗粉をまぶしてさっと湯にくぐらせておきます。豚肉をそのまま、鍋に入れると脂分が抜けてカスカスになってしまいますから、片栗粉で衣をつくってやるといいんです。今回、私は調理法だけでなく、水菜の葉、茎、根とパーツごとに味を確かめてみました。すると、意外においしかったのが根っこなんです」

岡本氏によれば普通ならば捨ててしまう根の部分に最も甘味を感じた。そして茎は味が薄くシャキシャキした食感があった。さらに葉にはほのかなえぐみがあると知った。彼は一番気に入った根の部分をだしにつけて冷製にしてみた。また、根の部分を開いて菊の花の形にしたものを吸い物の具にしたら、客が「これは何」と興味を示したという。

＊

「サラダもつくってみました。えぐみや青臭さがないから、生で食べるのにも向いてます。ただ、生だと量が食べられません。そこで少量の塩でもんでみました。塩もみにするとかさが減るので量も多く食べられるし、食感も悪くない。私は生よりも塩もみを薦めます。サラダをつくる場合、ドレッシングはプレーンな味のものよりも胡麻だれのようなこってりした味がいいでしょう。水菜自体があっさりしてるので酢と油のドレッシングでは物足りない感じがします」

水菜を買うときに気をつけたいのは鮮度だが、それは根の切り口で見分けるという。葉っぱがしなびてなく、切り口が新鮮であるものを選んだほうがいい。そして買ってきたら流水でよく洗う。特に根には土がついているので丁寧に洗うこと。

「そうそう、もうひとつ。京都では水菜（壬生菜を使用）の糠漬けが有名なんですわ。昔はどこの家庭でも、水菜の古漬けをよく食べたもんです。うちでもおやじが夜遅く帰ってくると、母親がお茶漬けの支度をするんですが、そのときの漬物が必ず水菜の刻んだものだった。子供って、大人が食べてるものをうらやましく感じるでしょう。私も一度、母親にせがんで水菜のお茶漬けをつくってもらったことがあるんですわ。でも、臭くて食べられませんでした。古漬けだから酸味が強いし、においもある。こんなん言うたらまずいけど、子供心に『おならのにおいに似ている』と思いました。それ以来、水菜の古漬けは敬遠してたのですが、久しぶりに食べてみたら、おいしかった。ブルーチーズや腐乳の好きな人は水菜の古漬けも好きやと思います。でも、これはうちで漬けるのは難しい。京都の漬物屋さんで買ってください」

京都では水菜は秋の終わりから本格的に八百屋に並ぶが、走りの水菜は株が小さく、丈も短い。葉や茎も柔らかいので若水菜ともいう。霜が降りて冬になると、株が太く丈の長い、繊維も丈夫な水菜が出てくる。それを地元の人たちは「ひねの水菜」と呼ぶ。「ひね」とは古びていることの意味だが、岡本氏に言わせると、「ひね」のほうが若水菜よりも味が濃いので、地元の野菜好きは「ひね」が出るのを楽しみにしているそうだ。

＊

※水菜の漬物は、「出町なかにし」（☎075・231・7758）で8月末から翌年3月頃まで購入できる。

＊

➡水菜のレシピ　P77〜80

ふきのとう

母手づくりの味。早春の野菜には思い入れがあります

——加藤裕之さん（三合菴）

東京・白金のそば料理店、「三合菴《さんごうあん》」主人の加藤裕之氏は、新進気鋭の料理人である。そばはもちろんのこと、酒肴、一品料理にもセンスが光る。そんな加藤氏に私は、春の香りがする野菜は何か、と尋ねてみた。すると、彼はきっぱりと答えた。

「ふきのとうです」

一般的に春の野菜と聞いて思い浮かぶのは菜の花、筍、えんどう豆……。ふきのとうは素人には調理が難しい素材なのではないだろうか？

「はは、そんなことありません。ポイントさえ呑み込んでおけば簡単です。ふきのとうのおいしさは香りにあります。早春の土の香りなんです。苦味やえぐみを程よく残して香りを引き出してやればいいのです」

加藤氏はよほど思い入れがあるらしく、ふきのとうについてずいぶんと詳しい。さまざまな料理の仕方も知っている。

「僕は1967年に松戸市で生まれました。その頃の松戸にはまだ原っぱがたくさんあって、ふきが自生してたんです。母は原っぱからふきを土ごととってきて、庭の菜園に植えたんですよ。そういえば庭にあったのはふきだけじゃありません。トマト、なす、きゅうり、たらの芽、いろいろな野菜をつくっていました。

春の初めになると、ふきが生えている周囲の土からふきのとうが芽を出します。母はそれを摘み取っては、細かく刻んで、味噌汁にしたり、ふき味噌をつくったりしてました。子供の頃、ふきのとうが出てくると、『もうすぐ春が来て、暖かくなるんだな』と思ったものです。

母がつくるふき味噌は刻んだふきのとうを胡麻油で炒めてから味噌と混ぜたものですが、生のままで味噌と混ぜる人もいれば、ゆでてから混ぜるやり方もあります。生のふきのとうでつくったふき味噌はえぐみが強い。ご飯にのせるよりも日本酒の肴にいいかもしれません。ゆでたもの、炒めたものだと甘味が出て、マイルドな味になります。面白いことに、ふきのとうって、摘みたてのときよりもゆでたときのほうが香りが強くなる。鍋でゆでていると、家の中がふきのとうの香りでいっぱいになるくらい強いものです。

ふき味噌はやっぱり炊きたての白いご飯ですね。あんまりたくさんのせないほうがいい。小指の先くらいの量で十分。ご飯と一緒にかっ込むとそれは旨いですよ」

＊

長野生まれの母親が加藤家の食卓にのせていたおかずは手づくり野菜をメインにした家庭料理だった。そんな素朴な味の数々が料理人としての彼を育てたのだ。

「うちは時代に合わないというか、ちょっと変わってましたね。なぜって、まず外食をしない、それから冷凍食品や出来合いの調理済み食品は使わない、ジャンクフードやファストフードはもってのほかで、化学調味料は台所にありませんでした。ですから食事もおやつもすべて母親の手づくりです。でも、学校に行くと、友達はファミリーレストランでパスタやハンバーグを食べた話をするんですよ。『なんでオレだけハンバーガーが食べられないんだ』と、子供の頃はちょっとムカついてました（笑）。でも、母の手料理のおかげで僕の舌は繊細になったし、鋭敏になったと思います」

高校を出た彼は、あるそば屋に入店する。鷹揚な店だったようで、なんと入ったその日から、そばを打たせてくれた。しかし、出来は最低。彼はそれから毎日、練習に励んだが、なかなかうまくできなかった。まあまあのものが打てるようになったのは、一年後のこと。そんな具合にそば打ちの技術を身につけるには時間がかかったが、だしの味、素材の味を見極めるのはあまり苦労しなかったという。

そうした修業の日々を経て、今では一流のそば職人となった彼だが、「最初からそば職人を目指したわけではない」と言う。では、どんなきっかけから彼は料理の道を志したのか。

「僕が通っていたのは市川第一中学でした。2年のとき、クラスの女の子からバレンタインのチョコレートをもらったんです。しかも手づくりでした。うれしかったなあ。ほんとにうれしかった。だからホワイトデーには僕も何か手づくりのものをお返ししなきゃ、と。

それで生まれて初めて台所にこもり、クッキーを30枚くらい焼きました。できたクッキーを学校へ持っていき、『これ』と言って彼女にあげたんです。そうしたら、彼女、なんと涙まで流してめちゃくちゃに喜んでくれたんですよ。そのときでしたね。『よし、料理の世界に入ろう。人が喜ぶような料理をつくっていこう』と思ったのは。

彼女とですか？　いやあ、クッキーをお返ししただけで付き合ってもいないんですよ。でも、いま思えば恩人ですね。彼女が喜んでくれたおかげで進路が決まったわけですから」

最後に彼に聞いたのは、ふきのとうを調理するときに気をつけることだ。

「ポイントはたったひとつです。刻んだら時間を置かずに、すぐに調理すること。アクが強いものだから空気に触れるとすぐに色が変わってしまうんです。

ふき味噌は、僕は大好きなんですけれど、うちの店じゃ出しにくい。そばという食べ物はほのかな味、繊細な味を楽しんでもらうものだから、味の強いものは置きたくないんです。でも、ふきのとうの天ぷらは出しますよ。一つ二つ皿の上にのってるだけで『春が来た』って感じがしますから」

＊

⬇ふきのとうのレシピ　P82〜85

料理指導してくれたシェフ《料理人》の店紹介

やさいや　ささめ ゆみこさん

✆ 03-5485-8887

東京都渋谷区渋谷 1-25-10
のんべい横丁中通り
[営業時間]
18:00 ～ 23:00（L.O.）
[定休日] 年末、年始
[カード] 不可
[アクセス] 渋谷駅ハチ公口より徒歩 1 分。
●おまかせコースのみ。3 月中旬～ 10 月中旬おばんざい 4500 円。10 月中旬～ 3 月中旬おばんざい 4 ～ 5 品と鴨鍋で 4500 円。本書で紹介した料理“炊いたの”と“割り胡椒和え”は 2 日前までに問い合わせを。ささめさんのもう 1 店、「南青山ささめ」✆03-3475-1717　東京都港区南青山 4-8-25 はコース 6000 円～。要予約。

レストラン七條《しちじょう》　七條清孝さん

✆03-3230-4875

東京都千代田区一ツ橋 2-3-1
小学館ビル地下 1 階
[営業時間] 11:30 ～ 14:30（L.O.）、
18:00 ～ 21:00（L.O.）
土曜は～ 13:30（L.O.）
[定休日] 日曜、祝日
[カード] 不可
[アクセス] 地下鉄神保町駅 A8 出口より小学館地下商店街に入ってすぐ。
●熱々のホワイトアスパラ　浅利のドレッシング 1300 円、ブルゴーニュ風赤ワイン煮 1600 円。

カメレオン　萩原雅彦さん

✆03-5545-3680

東京都港区東麻布 1-17-9
アネックス東麻布地下 1 階
[営業時間] 18:00 ～ 24:00（L.O.）
土曜、祝前日は～ 23:00（L.O.）
21:00 ～はアラカルトのみ
[定休日] 日曜、祝日
[カード] ほぼすべて可
[アクセス] 地下鉄赤羽橋駅より徒歩 2 分。
●懐石料理を思わせる繊細なイタリアンは遊び心たっぷり。本書で紹介した料理、パスタ、カプレーゼ、トマトのテリーヌ、オーブン焼きは 2 日前までに予約を。

マルディグラ　和知 徹さん

✆03-5568-0222

東京都中央区銀座 8-6-19　地下 1 階
[営業時間] 18:00 ～ 24:00（L.O.）
[定休日] 日曜
[カード] ほぼすべて可
[アクセス] 地下鉄銀座駅より徒歩 5 分。並木通り沿い。
●フレンチがベースだが、メニューにはピンチョス、トルコ風ピッツァなど、世界中の食からヒントを得た料理が並ぶ。コリアンダーだけのサラダ“香菜の爆弾”1300 円など、定番の人気料理は数多い。要予約。本書で紹介した料理、フライドポテト 1300 円（2 人分）、グラタン小皿 1200 円、ピューレ 900 円。シチュー 3000 円（4 人分）、コロッケ 900 円は前日までに予約を。

ピアット スズキ　鈴木弥平さん

✆03-5414-2116

東京都港区麻布十番 1-7-7
はせべやビル 4 階
[営業時間] 18:00 ～ 24:00
[定休日] 日曜
[カード] ほぼすべて可
[アクセス] 地下鉄麻布十番駅 7 番出口より徒歩 1 分。
●野菜料理が充実したアラカルトのみのイタリア料理店。本書で紹介した料理は予約を（パスタ 1600 円、グリル、チーズ焼き各 1800 円、スープ 2400 円）。ほかに、ゆで野菜　乾燥トマト風味 1600 円など。

エルミタージュ・ドゥ・タムラ
田村良雄さん

✆0267-44-1611

長野県北佐久郡軽井沢町長倉 820-98
[営業時間] 12:00 ～ 13:00（L.O.）、
18:00 ～ 20:00（L.O.）
[定休日] 火曜、水曜
[カード] 不可
[アクセス]中軽井沢駅より徒歩15分。車は、国道 18 号の軽井沢中学校前交差点を塩沢方向に折れ、新幹線の陸橋を越えて進んだ右手。
●野菜をふんだんに使った繊細なフレンチが人気の一軒。料理は 8000 円、1 万 2000 円のコースのみで完全予約制。本書で紹介した料理を希望するときは予約の際に相談を。

季節料理 安兵衛《やすべえ》　岡本憲昌さん

✆075-222-0584

京都府京都市上京区河原町通荒神口下ル東側
［営業時間］17:30 ～ 22:00（L.O.）
［定休日］水曜
［カード］不可
［アクセス］京阪丸太町駅より徒歩5分。

●コース7000円～。ぐじオニオンスープなどユニークな一品料理も充実。3月まではふぐ料理、6月からは鱧料理（8000円～）。要予約。本書で紹介した料理は、タルタル1000円、水菜ご飯500円、鍋一人前の目安3500～4000円（二人前より、前日までに予約）。

北京遊膳《ぺきんゆうぜん》　齋藤永徳さん

✆03-3391-9715

東京都杉並区荻窪5-24-7　2階
［営業時間］
11:30 ～ 13:30（L.O.）
17:00 ～ 21:00（L.O.）
土日祝は17:00 ～ 20:30（L.O.）
［定休日］火曜
［カード］不可
［アクセス］JR、地下鉄荻窪駅南口より徒歩3分。南口マクドナルドの真後ろの細い路地沿い。

●おまかせコースは6000円、9000円。席数24。夜は予約が望ましい。鶏レバニラ1700円（2日前までに要予約）、ニラ入り野菜塩味炒め1600円、豆腐とニラの炒め1500円、黄ニラと芝エビの薄味炒め2700円。

三合菴《さんごうあん》　加藤裕之さん

✆03-3444-3570

東京都港区白金5-10-10　白金510　1階
［営業時間］11:30 ～ 14:30、
17:30 ～ 21:00（L.O.）
［定休日］水曜、第3木曜
［カード］不可
［アクセス］地下鉄白金高輪駅より徒歩12分。北里研究所そば。

●繊細さの中に野趣をしのばせた凛々しい蕎麦と、洗練された酒肴が評判の店。席数20。夜は要予約。蕎麦はせいろ700円ほか。ふきのとうと春野菜のおひたし800円、ふきのとうを添えた、白魚の天ぷら800円。

田燕居《でんえんきょ》　孫 幼婷さん

✆03-3709-3910

東京都世田谷区用賀4-17-8
パインパレス1階
［営業時間］11:30 ～ 14:30（L.O.）、
17:30 ～ 22:00（L.O.）
［定休日］無休
［カード］不可
［アクセス］東急田園都市線用賀駅より徒歩4分。

●北京料理を中心とした家庭料理の店。初めての人にお薦めコース4500円～もある。本書で紹介した料理は前日までに予約を（とろみ蒸し1800円、サラダ800円。じっくり煮1800円と甘辛和え1000円）。

ボスボラス・ハサン
ハサン・ウナルさん

✆03-3354-7947

東京都新宿区新宿3-6-11
第一玉屋ビル2階
［営業時間］17:00 ～ 22:50（L.O.）
土日は12:00 ～ 14:30（L.O.）、
17:00 ～ 22:50（L.O.）
［定休日］無休
［カード］ほぼすべて可
［アクセス］地下鉄新宿三丁目駅より徒歩3分。

●東京を代表するトルコ料理店。ナス、ピーマン、挽き肉のトマトソース煮1300円、ナスのサラダ800円、ナスとピーマンのヘルシー料理1000円、ナスと挽き肉の串焼1700円、パン（エキメック）200円。

※各店の営業に関する情報は2003年5月に確認したものです。お店の事情によって変更になることがあります。ご了承ください。

※クッキングページで使用している野菜は各シェフが独自に仕入れているものです。

懐石 小室　小室光博さん

✆03-3235-3332

東京都新宿区若宮町13　金井ビル1階
［営業時間］12:00 ～ 13:00（入店）、
18:00 ～ 20:00（入店）
月曜は夜のみ営業
［定休日］日曜、祝日
［カード］JCB、アメックス、ダイナース以外可
［アクセス］JR・地下鉄飯田橋駅より徒歩4分。

●今をときめく割烹の新星。昼はコース6000円～。夜はコース1万2000円、1万6000円。ほかに2万2000円～のおまかせも。要予約。本書で紹介した料理（なす、大根ともに）を希望する場合は予約の際に相談を。

聖兆《せいちょう》　前田精長さん

✆03-3730-1303

東京都大田区蒲田4-15-5
［営業時間］11:30 ～ 13:30（L.O.）
17:30 ～ 21:30（L.O.）
［定休日］日曜、祝日
［カード］不可
［アクセス］京急蒲田駅西口より徒歩1分。駅を出て商店街を進み最初の角を左折した右手。

●洗練された個性的な中国料理を出す、知る人ぞ知る店。ランチ800円～、夜のコース6000円～。夜はなるべく予約を。本書で紹介した料理は要予約（蝦醤炒め1500円、ビール漬け800円、蒸しご飯800円）。

第2章で紹介した生産者の野菜は
「らでぃっしゅぼーや」で購入することができます。
また、第1章で紹介したレシピに使用している13品を含む各種の野菜も、
「らでぃっしゅぼーや」で取り扱っています。
それらはすべて、安全性を第一に考えた生産者の手によって、
無農薬、低農薬、あるいは有機農法でつくられたものです。
詳しくは、ホームページをご覧いただくか、直接お問い合わせください。

http://www.radishbo-ya.co.jp/
0120-831-375

「らでぃっしゅぼーや」は会員制の宅配システムです。
生産品目、生産時期などの点から供給に制約がありますので、
あらかじめご了承ください。

本書は月刊誌『dancyu』に連載された
「野菜を愛する料理人《シェフ》」をもとに、
追加取材を行い、構成しなおしたものです。

文　野地秩嘉
写真　今清水隆宏

AD・デザイン　矢崎　進十前田啓文（yahhos）
編集　神田久幸十斉藤由利子
編集協力　武富葉子　藤岡郷子
プリンティング・ディレクター　野口啓一
校正　ザッツ

野地秩嘉　のじ　つねよし

1957年東京都生まれ。編集者を経て作家に。デビュー作は94年の『キャンティ物語』（幻冬舎）。ほかに『サービスの達人たち』（新潮社）、『食物語』（光文社）、『スイス銀行体験記』（ダイヤモンド社）など。

今清水隆宏　いましみず　たかひろ

1965年東京都生まれ。東京造形大学卒。88年よりフリー。雑誌、単行本などの料理写真を幅広く手がける。撮影担当したものとして『イタリア食堂「ラ・ベットラ」のシークレットレシピ』（講談社）、『基本の和食』（オレンジページ）ほか多数。

人気シェフ《料理人》が教える
おいしい野菜レシピ

発行　2003年7月7日　第1刷

発行人　綿引好夫

発行所　株式会社プレジデント社

東京都千代田区平河町2-13-12

ブリヂストン平河町ビル　〒102-8641

✆03-3237-3732（編集）

✆03-3237-3731（販売）

振替 00180-7-35607

http://www.president.co.jp

印刷・製本　凸版印刷株式会社

ISBN4-8334-1784-7　C0077